60歳からは
わたしらしく
若返る

一生、元気に美しく
年を重ねられる
365のヒント

和田秀樹

日本文

はじめに

50歳を境に、これから先の人生について具体的に考え始めたという人は多いのではないでしょうか。10年後、自分はどうなっているんだろう。健康か？　お金に困っていないか？　友だちはいるか？

心配はいりません。女性は60歳からがチャンス。それは医学的にも正真正銘の事実です。女性は閉経を迎えるころ、女性ホルモンが減り、男性ホルモンが増えるため、心と体は活性化し、意欲的になります。逆に、同じ年ごろの男性は、男性ホルモンが減るため、意欲が低下しやすい。

60歳からは、女性のほうが活発になるのは自然なことなのです。それなのに、心配事や不安におそわれ、情報に振り回され、ひと目を気にして、わき上がる意欲を押し殺してしまっている人がとても多い。

私は、医師としてたくさんの高齢の方々を診てきました。そのうえで感じるのは、我慢している人より自由に楽しんでいる人のほうが元気だということです。

新しいことにチャレンジし、実験し、楽しむことで脳の前頭葉という部分が活性化します。これこそが、若々しさの秘訣なのです。

●いつもと違う道を散歩したら、景色が違って見えた。
●お金のことを勉強してみたら、具体的な対処法が見えてきて不安が消えた。
●友だちを誘って喫茶店のモーニングに行ったら、一日中気分がよかった。
●新しい言葉を知ったら、人に話したくなった。

こうした刺激の積み重ねが前頭葉を刺激し、心身に活力をもたらすのです。そこで、この本では日々「ためしたいこと」を一年分提案することにしました。

テーマは3つ

1、タブーを作らずチャレンジする
2、ひと目を気にしない
3、自分の心と体に正直になる

たとえば、気になるセックスのことはタブーではありません。意欲があるなら自分なりの方法で楽しめばいい。金髪にしてみたいなら、恥ずかしいなんて思わずやっちゃいましょう！　体調管理の方法も人それぞれ。世間一般でよいとされる方法が自分にも合うとは限りません。自分の心身の変化をしっかりと感じ取り、自分で自分をケアし、ご機嫌取りをしましょう。

ためしてみて、合わないなと思ったら、自分でアレンジをしてみるのです。60歳からは、あなたらしさを大切に過ごしてください。

人生は壮大な実験です。

興味津々、ワクワクしながら無邪気に実験を繰り返せば、あなたらしい楽しみがどんどん集まります。60代で集めた楽しみは、これから先の人生をみずみずしくする種。70代、80代も前向きに人生を楽しめる人を目指して、まずは今日、明日、明後日を楽しみましょう。

前頭葉は、初体験のドキドキで若々しくなる!

前頭葉は、言語や感情、運動、意欲を司る大事な部位です。ところが、前頭葉が弱ってしまっている人がとても多い。その最大の原因が「マンネリ」です。

前頭葉は「いつもの」ばかりでは刺激が足りず、働きません。すると、やる気がなくなり、心も体も老け込んでいくばかり。

この本で提案しているたくさんの実験は、前頭葉を活性化させる刺激のもと。新しいことをためし、初体験のワクワクで前頭葉を刺激するのです。

前頭葉が活性化すれば、意欲が増し、自分自身の見た目も思考も若々しくなります。積極的に行動するようになり、再び前頭葉が刺激されるという好循環が生まれます。そうなれば、これからの人生がよりポジティブで、豊かなものになるはずです。

前頭葉は脳と心と体を
老化させないカギとなる

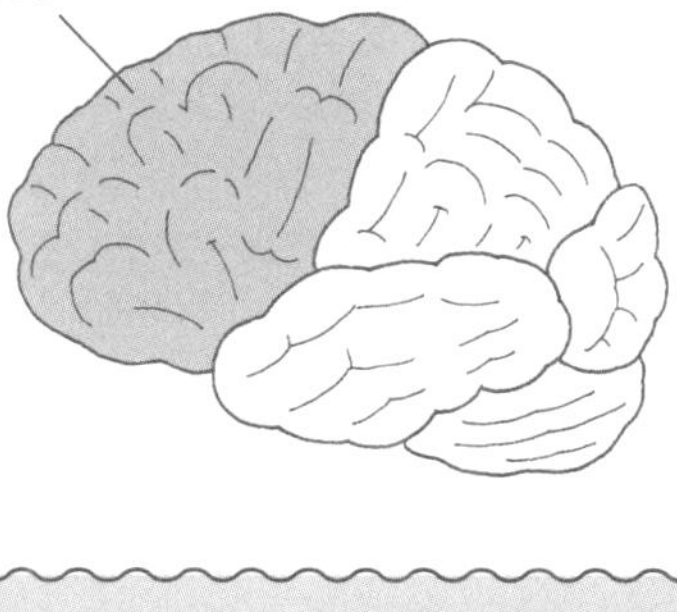

もくじ

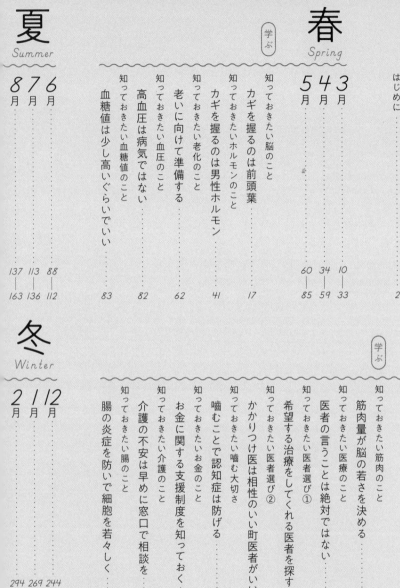

●祝日や二十四節気などは、年によって日付が異なることがあります。その年のカレンダーで確認してください。
●暦にまつわる内容は、諸説あります。
●ストレッチや筋トレは、無理のない範囲で行ってください。

秋

Autumn

この本の使い方

●毎日ひとつ、提案をしています。提案内容には、「ためす」「学ぶ」「感じる」「考える」の4種類があり、それぞれの日付の下に記しています。
●知識を備えておきたいテーマを、「知っておきたい～」シリーズとして設けています。

春
Spring

草木が芽吹き、花が咲き、
ふとした自然の様子に思わず顔がほころぶ季節です。
外に出て、深呼吸をしましょう。
歩きましょう。新しいことを始めましょう。

そして、色々なものに恋をしましょう！
季節の移ろいを思いっきり感じ、
新鮮な体験をすることが若々しさの秘訣です。

二十四節気

啓蟄	3月6日ごろ
春分	3月20日ごろ
清明	4月5日ごろ
穀雨	4月20日ごろ
立夏	5月5日ごろ
小満	5月21日ごろ

※この本で用いているのは新暦です。ここで紹介している二十四節気は旧暦に従っているので、今の季節とは約1カ月のズレがあります。

3/1

ためす

春は恋の季節。思い切って恋をする

思い出してみてください。恋をしていたときのことを。気を惹きたくて駆け引きをしたり、他の子と話しているのを見てジリジリしたり、ケンカの後に仲直りのきっかけを探したり。

恋は展開の読めない出来事の連続です。課題は山積み、おまけに答えはひとつではありません。だから、恋をすると脳はフル回転。前頭葉は活性化され、ワクワク、ドキドキ、感情の動きも大きくなります。

相手との会話では、自分の知識や経験を思う存分アウトプットしましょう。そうして生まれるコミュニケーションは、新しい刺激のもと。若いころとは違うときめきがあるでしょう。

「パートナーがいるからリアルな恋はできない」と思うなら、芸能人やスポーツ選手に恋したり、推し活に励むのもおすすめです。美容師さんや店員さんなど、身近な人にときめくのもあり。新しい情報、新しい交流で、前頭葉をどんどん活性化させましょう。

3/2

ためす

新しいレシピでフキノトウ味噌を作ってみる

春になると、真っ先に登場する山菜がフキノトウです。フキノトウにはポリフェノールがたっぷり。強い抗酸化作用で細胞を酸化から守るほか、消化促進などの効果を期待できます。春本番に向けて体を活性化させるのにぴったりの食材です。

　フキノトウを見かけたら、フキノトウ味噌を作りましょう。味噌はタンパク質やカルシウムなどを含むほか、強い抗酸化作用もあります。つまり、フキノトウ味噌は、スーパーアンチエイジングフードなのです。

　何より、料理はとても脳（大脳皮質）を使う作業です。想像し、筋道を立てて考え、手を動かす。刻々と変化する料理の様子を見て、対応することも必要。その間、脳はめまぐるしく働いているのです。

　毎年フキノトウ味噌を作っている人は、いつもと違う味にしてください。チャレンジすることでさらに脳は活性化し、食べたときの感じ方も新鮮なものになるでしょう。

3/3

ためす

ひな祭りは神社に参拝！

3月3日といえばひな祭り。女の子の健やかな成長を願う行事として知られていますが、本来の意味は「節句」。季節の変わり目に穢《けが》れを祓《はら》い、万物に感謝し、お祝いをする日です。正式には、旧暦3月の最初の巳《み》の日の節句であることから、「上巳《じょうし》の節句」と呼ばれます。

もしあなたが、女の子という年でもないし、もうひな祭りなんて関係ないと思っていたなら、これからはぜひ神社にお参りし、春の空気を思いっきり感じましょう。

毎年、ちらし寿司やはまぐりのお吸い物をいただくという人は、いつもと違うことをしてみてください。ひな祭りの行事で有名な神社を調べて訪れてみたり、いつもと違う料理を食べたり。人を誘って一緒に楽しむのもいいアイデアです。

いつもと違う神社の様子、新しい景色、料理、会話など、すべてが脳への刺激になり、新鮮な気持ちで節目の日を過ごせるでしょう。

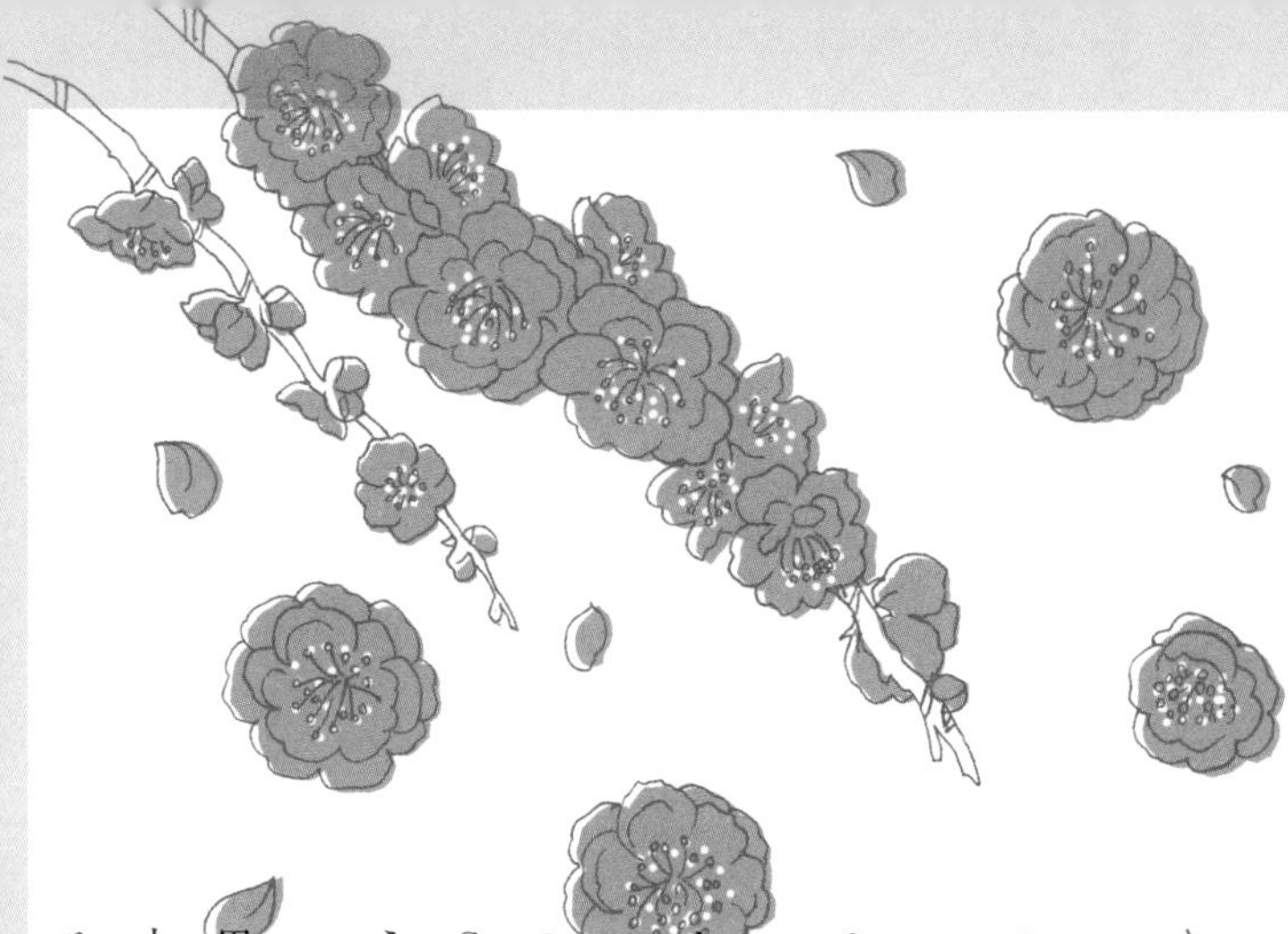

3/4

ためす

占いを信じたらどうなるか？実験してみる

朝のテレビ番組や雑誌、最近では占いのアプリやSNS、インターネット上にも占いがたくさんあふれています。

今日の〇〇座の運勢は？ラッキーアイテム、ラッキーカラー、ラッキーフードは？といったものから、携帯電話の番号、SNSのアカウント名から運勢を占うものなどとても多彩です。

「占いなんて信じられない」と思ったら、それこそチャンス。占いどおりに行動したらどうなるか？ 自分の身をもって実験するのです。

たとえば、ラッキーカラーが赤なら、赤いアイテムを身につける。その結果、ワクワクして積極的に行動できた、人との会話が増えたなど、変化や刺激があったら◎。特に変化がなければ、次の機会に違う内容をためしてみるのもいい。占いの内容がネガティブだったとしても、実験してみて面白いことや変化に出会えたらラッキー！ 占いをきっかけに、新発見があるかもしれません。

3/5

ためす

新しい習い事を始めよう

年を重ねても向学心を持っている人は素敵です。本を読み、興味のある分野の勉強を続けている人もたくさんいます。

とてもいいことである一方、自主学習の殻に閉じこもってしまうケースも多いようです。

その理由は、耳が遠くなった、視力が落ちた、教わっても覚えられないといった体の衰え。また、若い人に交じるのは恥ずかしい、足を引っ張ってしまいそうなど、さまざま。

その気持ち、よくわかります。

でも、一人で学んだのでは、成果をためすこともできず、自分のレベルもわかりません。窮屈でしんどい学びが続き、いずれ行き詰まってしまう。

だからこそ、殻を破って習い事に出かけてください。誰かと一緒に学ぶことで、色々な考え、多くの答えに出会えます。

先生やライバル的な存在がいて、互いに刺激を与え合えば、脳はイキイキと働きます。知識の幅も格段に広がり、学ぶ楽しみがどんどん膨らむでしょう。

3月

3/6

感じる

季語で春を感じる「啓蟄《けいちつ》」

「啓蟄」は、二十四節気のひとつで、春の季語。「蟄」は虫が土の中にこもること。「啓」は戸を開く。「啓蟄」は、土の中の虫が地上に出てくる時期という意味です。

外に出て、虫たちを探してみましょう。冬の間は見かけなかったチョウチョウやテントウムシ、道端の草にはアブラムシが蠢《うごめ》いています。春の下に虫が2つで「蠢」。文字や暦を作った先人たちの感性に触れながら、春を感じるのもいいものです。

3/7

考える

今の自分が快適だと感じる体型は？

60歳を過ぎると、体型の悩みも多かれ少なかれ出てきます。体が重くなるとフットワークや思考まで鈍くなる。ぽっこりお腹のせいでお気に入りのパンツをはけない。逆にやせているせいで老けて見えるのがショック。そんなふうに感じたら行動するチャンスです。人と比べて体型をコントロールするのではなく、今の自分が快適だと感じる体型を目指して運動してみましょう。まずは、一日10回のスクワット。これだけで、気分が前向きに切り替わるのを感じるはずです。

3/8

ためす

椅子ヨガでリラックス 肩や背中をほぐす

運動は習慣にすることが大切。運動習慣がある人にも、ない人にもおすすめできるのが、椅子ヨガです。椅子に座った状態で行えるので、長時間のデスクワークや同じ姿勢を続けて、ガチガチになった背中や肩をほぐすのにもぴったり。ヨガには、血流をよくするほか、呼吸を繰り返すことで自律神経を整える作用があります。ストレスを和らげ、寝つきをよくしたり、**体だけでなく脳をリフレッシュする効果**も期待できます。

手を上げるポーズ

1 椅子に座り、足と足の間はこぶし2～3個ぶん開ける。両手のひらを上にして太ももの上に置く。目を閉じて、ゆっくりと深呼吸を10回して目を開ける。

2 息を吸いながら両手を体の横に広げ、頭上までゆっくり上げて手のひらを合わせる。同時に顔を上げて指先を見る。

3 息を吐きながら、両手を体の横にゆっくり下ろし、おへそをのぞき込むように背中を丸め、両手を太ももに置く。②～③を5回行う。

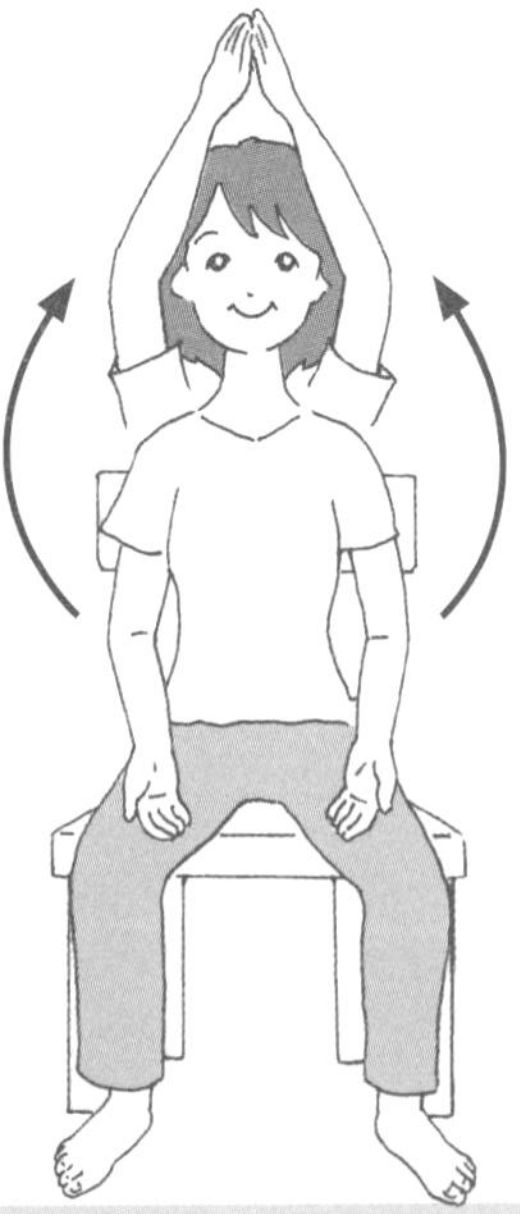

3月

3/9

学ぶ

知っておきたい脳のこと

カギを握るのは前頭葉

60歳ぐらいになると、体だけではなく脳も衰えてきます。それは自然なこと。大切なのは、どんな状態になりやすいのか、どうすれば脳の老化を抑えられるのかを知ることです。

カギを握るのは前頭葉。脳の中でもっとも早く老化が始まる場所です。

前頭葉は運動、言語、感情のコントロールなどを担っているため、衰えると意欲や創造性が低下、感情抑制が鈍ったり、もともと持っている性質がより顕著になります。

最近やる気が出ない、怒りっぽくなった、疑い深かった人がより疑い深くなった、頭が固くなってきたなどと感じたら、前頭葉が衰えてきたせいかもしれません。

前頭葉は使ってなんぼ。使わずに40代で意欲を失う人もいれば、使い続けて80代、90代で活躍している人もいます。

特別なことは必要ありません。必要なのは日常に実験をちりばめること。自分の周りに眠っているワクワクの種を見つけることから始めましょう。

3月

3/10

感じる

3月の和風月名は？暦の言葉で感性磨き

暦の言葉には日本人の細やかな感性がよく表れています。和風月名はその代表です。

3月の和風月名は「弥生」。語源は「木草《きくさ》弥生《いやお》い茂る月」。「弥」はますますという意味なので、弥生は草木がますますます生い茂る月を表しています。まさに3月のイメージにぴったりです。

和風月名は他にもたくさんあります。「桃浪《とうろう》」「竹秋《ちくしゅう》」「夢見月《ゆめみづき》」「春惜月《はるおしみづき》」など。意味を調べてみると、新たな発見があるかもしれません。

3/11

ためす

「朝食散歩」で一日のスタートをきる

いい朝を過ごし、その日一日を気持ちよく過ごすためにおすすめしたいのが朝食散歩。近所の喫茶店に行ったり、友だちの家で一緒に食べたり、晴れた日には、公園でパンを食べるのもいいものです。

朝、太陽の光を浴びて、体を動かし、朝食を摂ることで、気持ちを明るくするセロトニンの分泌量が増え、睡眠リズムも整います。ためしてみて、心地よい一日を過ごせたら、ぜひ定期的に実践してみてください。

3/12

ためす

SNSを使ってアウトプット力アップ

これまで積み重ねてきた知識や経験を、どんどんアウトプットしていきましょう。

アウトプットの場として最適なのがSNSです。SNSのメリットは大きく2つ。

❶人とのコミュニケーションが生まれる＝居場所ができる

❷文章にして説明することで情報を整理できる＝記憶に定着

SNSに投稿することは、脳への刺激そのものです。すでに始めている人は、アウトプットの質を高めていってください。

3/13

ためす

スキンシップを増やしてみる

肌と肌が触れ合うと「オキシトシン」（別名：愛情ホルモン）の分泌が高まります。オキシトシンは、記憶を司る海馬の障害を改善する働きがあり、認知症対策では重要な脳内物質です。

たとえば、社交ダンス、家族とのハグ、握手のほか、カラオケでデュエットするときや写真を撮るときは肩を組むなど、スキンシップの機会を増やしてみましょう。きっと、自然とテンションが上がり、血流がアップするのを実感できるはずです。

3/14

考える

パートナーと性生活について話し合ってみる

60歳を過ぎるころになると、ホルモンに大きな変化が生まれ、性欲にも個人差が出てきます。女性は、閉経後は男性ホルモンが増えるため、性的にアクティブになる人も多い。一方、男性は、男性ホルモンが減り、性的な意欲が減退することが珍しくありません。

性欲のある女性とそれほどでもない男性。女性側としては、空気を読んで性欲を抑え込んでしまうかもしれませんが、それはとてももったいないことです。

パートナーと性生活について話し合い、お互いにとってよい方法を探してみましょう。

3月13日の頁で解説したように、肌と肌の触れ合いで分泌されるオキシトシンは、脳によい効果をもたらします。セックスによる肌の触れ合いはさらに素晴らしい効果をもたらすでしょう。相手がいない場合は、アダルト動画を活用してもいいんです。セルフプレジャー（自慰）もけして恥ずかしいことではありません。性欲は若々しさの源なのですから。

3/15

感じる

季語で春を感じる「芽《め》独活《うど》」

「独活」と書いて「うど」。古くから食用とされてきた日本原産種の植物で、英語でも「UDO」です。

春の季語「芽独活」は、土から出たばかりの独活の若い芽。冬の間は土地の中で過ごし、春になると芽を出します。芽は、ほんのりとした紫色で柔らかく美味ですが、成長が早いため食べられるのは春のひととき。その一瞬を表すのが「芽独活」という季語です。

俳句は、五七五の中に季語を入れ、ぎりぎりまで切りつめた言葉数で成り立つ詩です。ときには刹那《せつな》を切り取ってハッとさせ、ときにはユーモアたっぷりに感情を揺さぶります。

季節を繊細に感じ取るのは日本人の十八番《おはこ》。素敵な季語を探して俳句を詠んでみては？　短い言葉を組み立てる作業で前頭葉はフル稼働。俳句サークルなどで発表し合えば、自分とは違う感性に出会えて、さらに脳が刺激を受けるという好循環が生まれるでしょう。

3/16

ためす

家に人を呼んでワクワクする

一人は気楽で楽チンです。ひと目を気にしなくていいから、家の中が散らかっていてもいいし、部屋着でいたっていい。アラ還にもなれば、無理をせず、自分が心地よいことを最優先すればいいのですが、たまには家に人を呼んで食事をするのもいいものです。

人が来るとなったら、多かれ少なかれおもてなしの気持ちが芽生えます。

お互いに心地よく過ごせるように部屋を掃除したら、招く人のことを想像して、飲み物は何にしよう？あそこのお菓子を買ってこよう！と考えているうちにワクワクしてくるのを感じられるでしょう。

料理の腕を振るうのもいいし、出前を取ってもいい。気になっていたお店の料理をテイクアウトして一緒に食べて感想を言い合うのも面白そうです。

面倒だな……と思っていても、思い切って人を迎え入れて楽しい時間を過ごせれば、いい日だったと思えるものです。

3/17

ためす

今日はルーティーン禁止デー

日々の生活の様子を振り返ってみましょう。

朝はいつものパン。いつもの時間にいつものお茶。いつものスーパーで買い物をして、いつものTVタイム。「いつもの」ばかりでは、前頭葉は刺激不足でしぼんでしまいます。

ルーティーンを避け、「いつもと違う」を増やしていくだけで、脳への刺激は生まれます。

宝探しの気分で日常に転がっている意外な刺激を見つけてみましょう。

3/18

ためす

今、嬉しい!を素直に口に出す

人間は複雑な感情と思考を持つ生きものです。「嬉しいけれど、黙っておこう」と、考えすぎて感情に蓋をしてしまうこともあるでしょう。

でも、嬉しい気持ちを隠している人より、表に出している人のほうが好印象。ハッピーな雰囲気をまとい、自分の脳にも相手の脳にもよい刺激を与えます。

人から好かれることは、コミュニケーションにおいてとても大切。嬉しい気持ちは、じゃんじゃん表に出しましょう。

3/19

ためす

めいっぱい春を感じる魚介の一皿を

四季のある日本に住んでいるのですから、旬の魚介を楽しまないのはもったいない。

　高齢になってくると、献立を考えるのが面倒になり、決まったものを食べ続けるという人も増えるようですが、マンネリな食事ばかりでは、脳にとっては刺激不足です。

　スーパーの魚売り場で旬の魚介をじっくりとチェックしてみると、同じメバルでも色々な種類があったり、食べたことのないものに目がとまるかもしれません。鮮魚店に行ってお店の人に、今日のおすすめや美味しい食べ方を教わるのも、楽しいものです。

　丸ごとの魚を買ってきて、自分でさばいたり、レシピを調べて作って食べるのは、最高の刺激。回転寿司で旬のネタを食べたり、ときには奮発してお寿司屋さんのカウンターで職人さんとの会話を楽しめば、それもまた刺激。

　魚介ひとつで、楽しみがたくさん見つかるはずです。

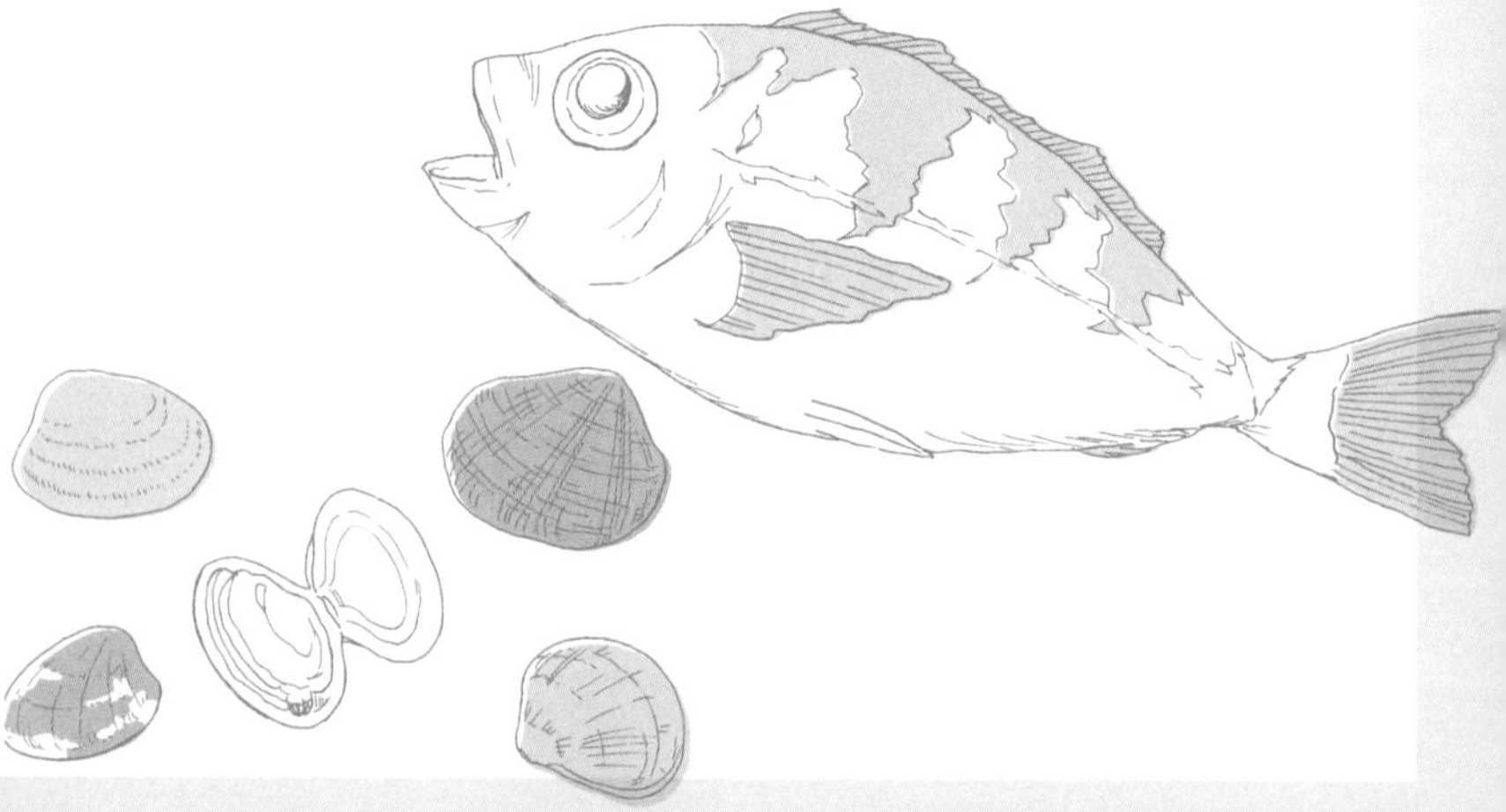

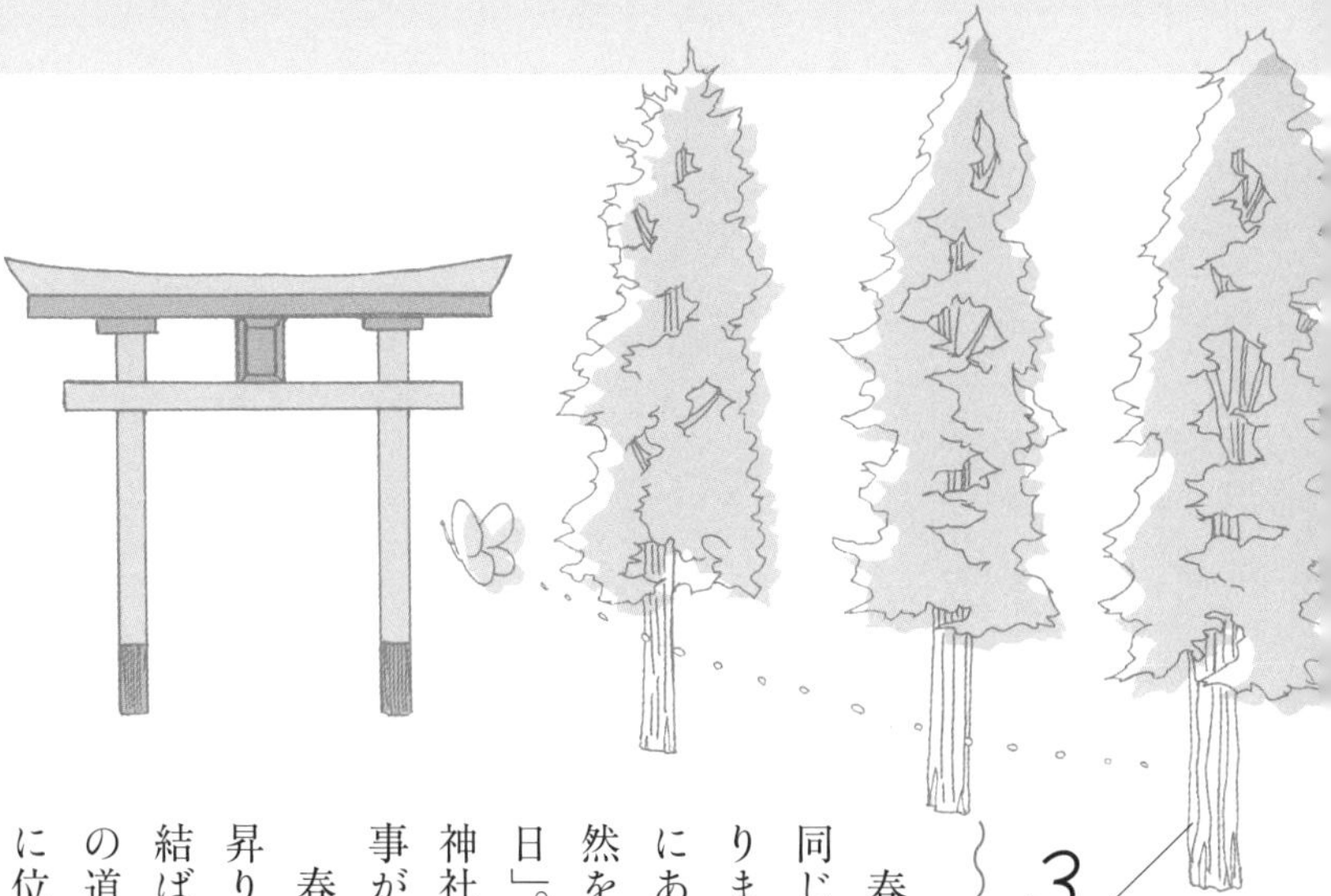

3/20

ためす

パワースポットに行ってみる

春分の日は昼夜の長さがほぼ同じになる日。年によって変わりますが、3月20日または21日にあたります。春分の日は、「自然をたたえ、生物をいつくしむ日」。また、春彼岸にあたるため、神社によっては「祖先供養」の神事が行われています。

春分の日は、太陽が真東から昇り真西に沈みます。一直線で結ばれる太陽の軌道は「ご来光の道」と呼ばれ、そのライン上に位置する場所は最高のパワースポットと言われています。

ご来光の道上にあるパワースポットは、西から出雲大社（島根県）、大山（鳥取県）、元伊勢（京都府）、竹生島（滋賀県）、伊吹山（滋賀県・岐阜県）、七面山（山梨県）、富士山、寒川神社（神奈川県）、玉前神社（千葉県）など。

近所の神社に参拝するのもいいですが、毎年、春分の日に1カ所ずつパワースポットに訪れる計画を立てるというのもいいですね。

3/21

ためす

山菜のオイル漬けを作ってみる

3月も半ばを過ぎると、色々な山菜が出そろいます。楽しめるのは春のひとときだけ。今日はいいや、また今度にしようなんて思っていると、あっという間に姿を消してしまいます。

美味しいものは逃すと悔しい。「逃してなるものか！」と欲張りな気持ちで、迷わず手に取ってみてください。

まずは、手に入れた山菜をどうやって食べるかを考えましょう。天ぷら、和え物、炊き込みごはん。どれも定番、知っている味かもしれません。

ならば、いつもと違う楽しみ方を考える。

たとえば、山菜のオイル漬け。和食に使われがちな山菜を洋風にアレンジするだけで、ガラリと雰囲気が変わります。

しばらく保存できるので、山菜の季節が終わっても楽しめるうえに、アレンジも自由自在。

パスタやマリネ、ごはんにのせるのもあり。食べ方を考えるだけでワクワクしてきたら、大成功です。

山菜のオイル漬け

1. 山菜を軽く茹でてアクを抜く。
2. 水気を絞って塩で軽く和える。
3. ビンに入れてオリーブオイルをひたひたに注ぐ。

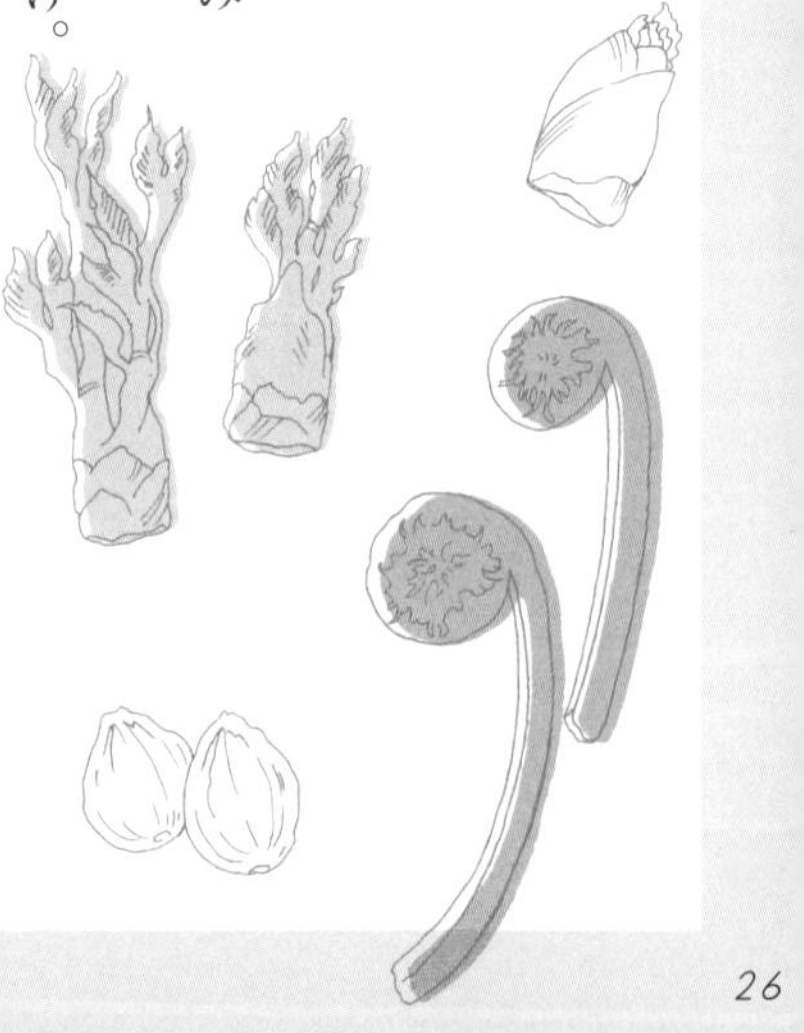

3/22

感じる

モヤモヤが吹き飛ぶ！ 哲学者・ニーチェの言葉

錆もまた必要だ──
鋭利だけでは十分ではない！
でなければいつでも言はれる。
「あまりにも若い」と！

「頭が切れるだけではまだ足りない。さもなきゃいつも『まだまだ若い！』と言われ、軽く見られてしまう。だから、年を重ねたら、錆も必要なんだ」。

錆とは、「サビついてガタがくる」という意味ではなく、「人間味」のようなものをイメージするといいでしょう。

鋭い意見や正論ばかりを振りかざす人より、ちょっと鈍かったり、愛嬌があったりするくらいのほうが人間味があって好かれるのです。

年をとればなおのこと、人間関係も築きやすくなるでしょう。

参考：『ニイチエ全集 第4編（悦ばしき知識）』（新潮社）

3月

3/23

ためす

ボランティアに参加してみる

ボランティアは、身近なところでたくさん行われています。通学路の交通誘導やゴミ拾いなど、地域に関わる仕事は、やり甲斐やコミュニケーションの面で有意義。外に出て体を動かすきっかけにもなるので、積極的に参加するのがおすすめです。

でも、しんどくなったらすぐにやめてしまいましょう。年をとると、それくらいのことは許されます。ボランティアはそもそも「来る者拒まず、去る者追わず」の世界ですから。

3/24

ためす

面白くなさそうなドラマを観てみる

年を重ねると、物事の決めつけが激しくなります。「最近のドラマは面白くない」などと思い始めたら、逆にチャンスです。あえて面白くなさそうなドラマや映画を観てみましょう。

たとえば、最近は歴史ドラマばかりで恋愛ドラマを観ていないなら、あえて恋愛ドラマを観てみる。セリフひとつをとっても、新鮮に感じられたり、ツッコミを入れたくなったりしたら、それこそ前頭葉が活性化しているはずです。

3月

3/25

ためす

髪型を変えて新しい自分に！

気分を変えたいと思ったら、迷わず美容院を予約してください。髪型を変えて、毎日目にする自分の見た目を変えるのです。

やってみたかった髪型をためしたり、美容師さんにお任せして変えてもらうのもありです。

髪型を変えるだけで、新たな自分と出会えるかもしれません。いつもと違う雰囲気の洋服を着たくなったり、歩き方が変わったりすることもあります。それは脳が活性化して切り替わった証《あかし》。楽しんでいる証です。

3/26

ためす

髪から春を演出してみる

髪型を変えたら、気分一新！ヘアケア用品も変えてみましょう。最近では、シャンプーやトリートメントのおためしサイズが販売されていたり、店頭で試供品をいただける場合もあります。口コミをチェックしたり、美容室でおすすめを聞いてみてもいいでしょう。

いい香りのシャンプーを見つけた、髪がきれいになった、ヘアオイルを使ったら髪がまとまった。いいことがありそうな予感がしてきます。

3/27

ためす

春を探して脳の若返り

60歳を超えたら、ぜひ習慣にしたいのが散歩です。WHO（世界保健機関）は2019年に「認知機能低下および認知症のリスク低減のためのガイドライン」を発表。その中で「強く推奨できる」としてあげたのが「運動」です。

日常的に運動すれば、認知機能の低下を食い止めることができる。だから「散歩を習慣に」というわけです。

歩くだけでも十分効果はありますが、散歩を目的にすると、飽きてしまったりおっくうになったり。せっかくですから春を探して散歩してみてください。

「サクラは咲いたか？　木蓮の花は？　まだ蝋梅が残ってる！　ツクシだ！　この草は何という名前だったっけ？　スマホで調べよう。学校から『仰げば尊し』が聞こえてきた。卒業式か。卒業式はいつも泣いたな。あの子元気かな」。

感覚が刺激され、脳は新しい情報をインプットしたり、懐かしい記憶を呼び覚ましたりと、おおいに活性化するでしょう。

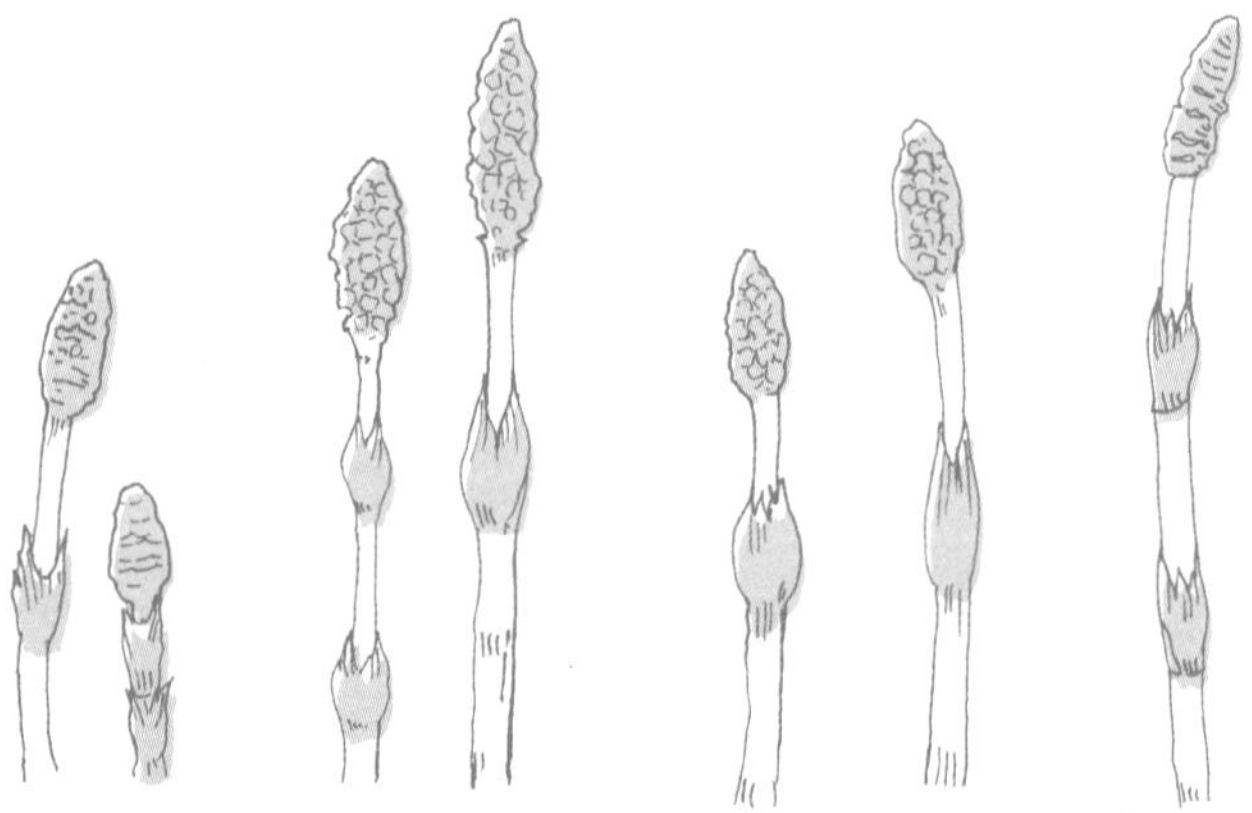

3/28

ためす

春の代名詞、竹の子を丸ごと食す

たけかんむりに「旬」と書いて筍（竹の子）。まさに旬を代表する食材です。

土の香りをまとった大きな竹の子が店頭に並ぶのは、春のひとときだけ。でも、年を重ねると、わが家では食べきれない……と、素通りすることが続いてしまいがちです。でも、「いいね、春だね！」と、ときめいたなら、思いきって買ってしまってください。

持ち帰ったらすぐに茹でて、茹でたては刺身に。わさび醤油、塩&オリーブオイル、コチュジャンなど、色々な味で楽しめます。

炊き込みごはんは、定番の和風ではなく、ナンプラーを使ってエスニック風味にしてみたり、パエリアにしてみたり。インターネットでレシピを検索したり、ひらめきで作ってみたり。脳がワクワクするいい実験です。

ちなみに、竹の子は野菜類の中では比較的タンパク質が多いのが特徴。食物繊維も多く、お通じ改善にもぴったりです。

3/29

考える

不安の正体について考えてみる

お金、健康、家のこと……。未来への不安は誰にでもあることです。

私が患者さんを診てきた中でも、現実に起こっていないことに対する「予期不安」のようなものを抱えている人がとても多くいました。

ところが、不安に思っていることが実際に起こったとしても、「あれ？こんなもんか」となることも多いものです。つまり、不安に振り回されてビビっているだけかもしれません。

たとえば、高齢者による交通事故のニュースが続くと、高齢者の運転は危険→運転するのが怖くなる→運転回数が減る→外出機会が減る→意欲が低下。

このような悪循環は不幸です。若年者の交通事故のほうがはるかに多いというのに。

断片的な情報に振り回され、根拠のない不安に取り憑《つ》かれないよう、自分で情報を確かめること、不安の正体を知ること、そして自分で判断することが大切です。

3/30

ためす

不要なものはリサイクルへ

ただ捨てるのをすすめているのではありません。不要なものをお金にして有効活用しませんか？という提案です。

年を重ねると、使わずに眠っているものが増えてきがちです。ちょうど季節の変わり目、サイズが合わなくなった洋服、余っている食器など、リサイクルや個人売買サイトなどを活用して、売るのもひとつの手です。

売り上げはお小遣いです。出かけたり、美味しいものを食べるときの足しにしましょう。

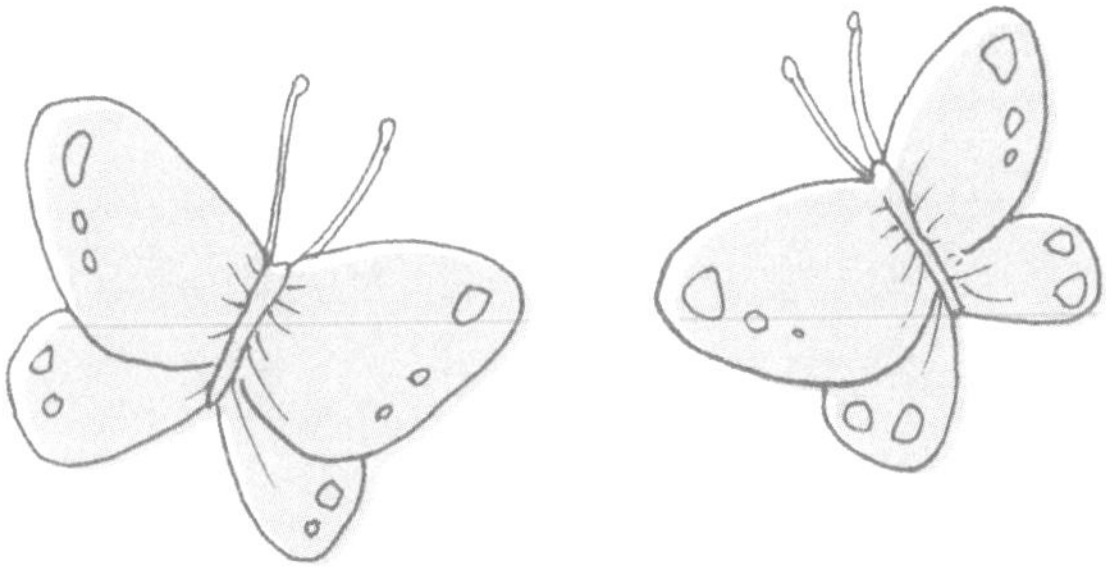

3/31

ためす

マンガ大賞作品を読んでみる

最近、マンガから遠ざかっているなら、実験のチャンスです。毎年3月下旬ごろにはマンガ大賞の発表があるので、気になる作品を読んでみましょう。

ちなみに、堀江貴文さんはこれまでに1000冊ものマンガを読み、マンガからしか得られないものがあるということを、著書に記されています。

「マンガはただの娯楽」と思って読むか、「面白い発想だ！」と思って読むかで、脳が受ける刺激は大きく変わるのです。

4/1

ためす

ユーモアを込めて嘘をついてみる

4月1日はエイプリルフール。子どものころ、「どんな嘘をついて友だちを驚かせようかな」と考えた経験がある人も多いのではないでしょうか。

「嘘をついてはいけません」「嘘は泥棒の始まり」などと教えられてきたのに、4月1日だけは嘘がOK。楽しまなくちゃ損です。最近では企業がSNSでユニークなネタを投稿して盛り上がるのも恒例となりました。

たとえば、ハッピーターンで知られる亀田製菓は、【悲報】亀田製菓から「つらターン」が登場!! 苦〜いパウダーがかかった、なんとも辛い味覚をご賞味あれ、と投稿。苦味のもとについての考察合戦が繰り広げられていました。

人を傷つけない嘘、楽しく盛り上がれる嘘がいいのです。これまで積み重ねてきた知識、経験、センスを集結させて、渾身《こんしん》の嘘をついてみてください。聞いた人の反応を想像しながら考えれば、脳がフル稼働すること間違いなしです。

4/2

ためす

自分史上最高の花見をする

桜が咲くと、本当に春が来たことを実感して、心が弾みます。このウキウキを盛り上げるべく、満足度の高い花見をしましょう。

毎年花見をするという人も、桜を眺めて散歩するだけという人も、いつもとは違う場所に行ってみてください。

桜の名所を訪れたり、自分で穴場を探すのもいい。人に聞いておすすめの場所に行ってみたり、学生時代に花見をした懐かしい場所に行ってみるのもいいかもしれません。

景色が変わるだけでも脳は刺激を受けますが、メンバーが変わるとさらに楽しみが増えます。人が変われば会話の内容も変わり、新しい話題、新しい考えや感覚に触れることができて脳が活性化します。

お酒だって我慢は不要。若いころのように大酒を飲んで大騒ぎするのではなく、いいお酒をみんなで少し楽しめばいいのです。質のよい満足感が、脳に上質な刺激をもたらすでしょう。

4/3

ためす

北斗七星と春の大三角を見る

気持ちに余裕がなかったり、元気がなくなると、人はうつむきがちになります。そんなときは、「上を向いて歩こう」「見上げてごらん夜の星を」です。

春に美しく見えるのは、北斗七星と春の大三角です。4月上旬の21時ごろ、北の空に見える柄杓の形が北斗七星。そこから車の空に目を移したところにあるのが春の大三角です。

北斗七星はおおぐま座の一部で、くまの背中から尾のあたりに位置しています。スマホなどでおおぐま座の形を見ながら星をつないでいってみてください。星座の星がつながった瞬間、脳はパッと反応し、喜びの感情があふれるでしょう。

ちなみに「上を向いて歩こう」は安保闘争に負けた若者たちを励ます歌、「見上げてごらん夜の星を」は夜間学校に通う学生を励ます歌で、どちらも作詞は永六輔さんです。「言葉の天才」と呼ばれた永六輔さんの言葉で、どれだけの人が星空を見上げて救われたことでしょう。

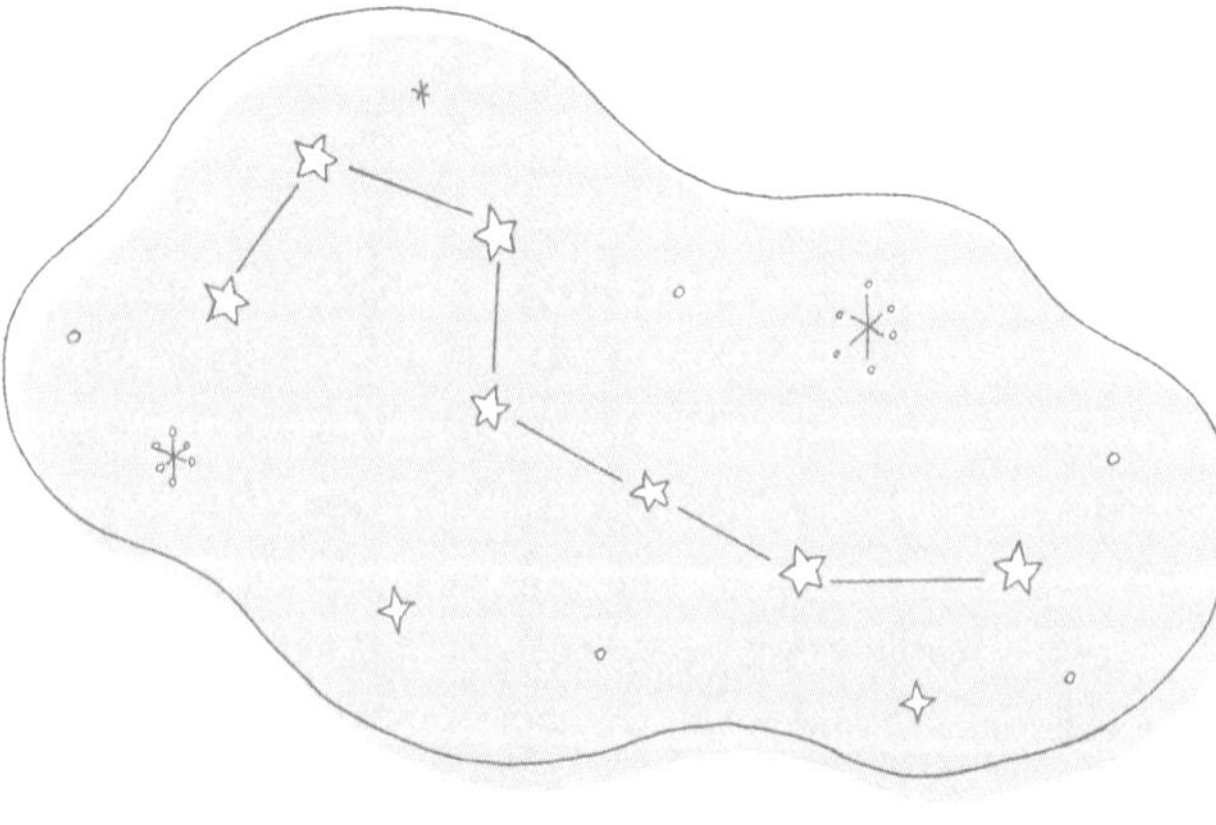

4月

4/4

ためす

春ドラマでオキシトシンを出す

春は新しいドラマが始まる季節。正直に言えば、テレビにかじりつくのはおすすめできません。でも、テレビをきっかけに行動することが増えるなら、それはとてもいいことです。

たとえば、NHKの朝ドラの主人公に興味を持ち、図書館に通ってその人のことを調べるようになったり、友だちとドラマの感想を言い合って盛り上がったり、ドラマにゆかりのある場所を訪れたりと、行動につながるならそれはとてもよい効果。

脳が強く刺激を受けた証です。

好きな俳優さんにときめいたり、その俳優さんが出ている映画を見に行ったり、推し活につながれば、脳にとっては最高の刺激。きっと脳内では愛情ホルモンであるオキシトシンの分泌が高まり、幸せな気分になり、集中力が高まり、ポジティブな気持ちになります。

もちろん、そのドラマがつまらなかったら、さっさと観るのをやめて、散歩にでも出かけましょう。

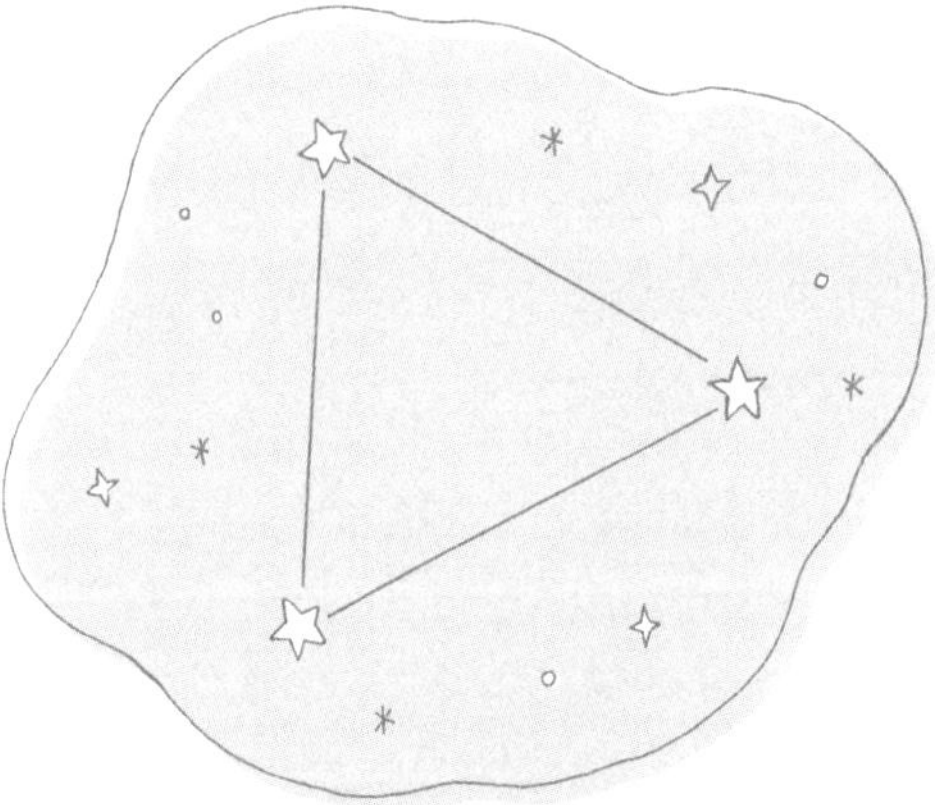

4/5

ためす

腰、背中の巡りをアップする

3月8日の頁で行った椅子ヨガと同様に気軽に行える、ストレッチ効果抜群のヨガです。

今回は上半身をゆっくりねじることで、腰、背中の緊張をほぐし、血液の巡りを促します。内臓を動かすことで、便秘予防、内臓の機能を整える、冷えを改善する効果も期待できます。

余裕があれば、3月8日の頁の「手を上げるポーズ」から始めて、そのまま「ねじりのポーズ」を続けてみましょう。

ねじりのポーズ

1 背もたれのある椅子に浅く腰かけ、背すじを伸ばす。右手は左太ももの上に置き、左手は背もたれの外側に置く。

2 息を吸って、背中を真っ直ぐにする。

3 息を吐きながら左側にねじる。お尻は座面につけたまま、呼吸ができる範囲でねじり、3～5呼吸キープ。

4 息を吸いながら正面に体を戻す。息を吐いてリラックスする。反対側も同様に行う。

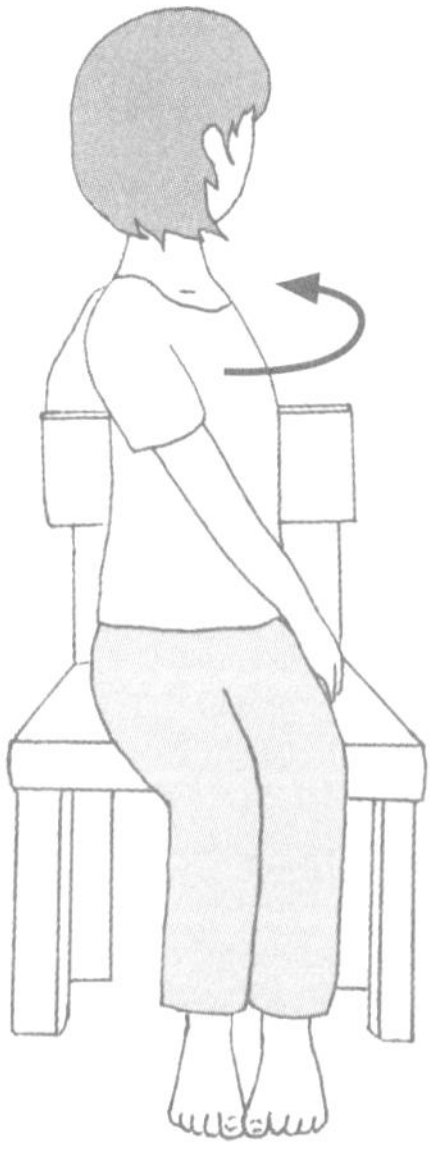

4月

4/6

ためす

桜スイーツの魅力にはまってみる

地域によっては桜の花は散り、新緑の季節へと移ろうころ。名残惜しい桜の季節、桜スイーツを食べてみましょう。

私はラーメンが好きですが、〝桜ラーメン〟を見つけたら、迷わずためします。

人気のお店を訪れたり、コンビニの桜スイーツを楽しんだり、話題の桜スイーツをお取り寄せして、友だちとシェアすれば、気分も会話も盛り上がります。桜の花の塩漬けや葉の塩漬けを使って、自分でスイーツを作るのもいいアイデア。家族と一緒に作ったり、たくさん作って近所の人や友だちにおすそ分けすれば、コミュニケーションの輪が広がって、脳の活性化につながるでしょう。

桜スイーツの魅力はなんといっても香りです。葉や花を塩漬けにすることで出てくる香り成分はとても心地よく、リラックス、血流促進などの効果を期待できます。

「花のときは香りがなかったのに、スイーツに香りがあるのはなぜ？」という、子どものような好奇心はワクワクの素。年を重ねても、ワクワクの素は身近なところにたくさんあるのです。

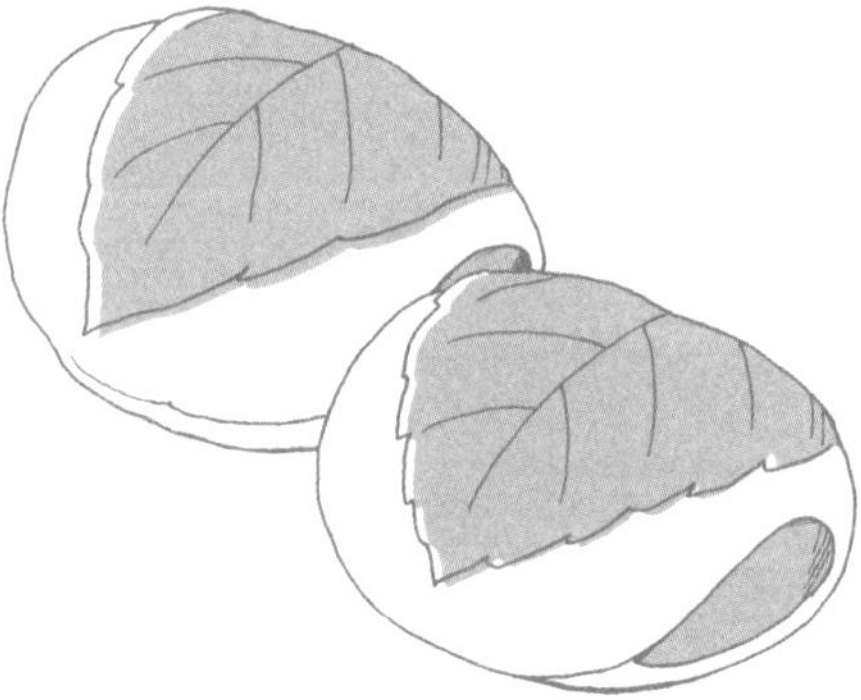

4/7

ためす

流行の歌を歌って認知機能アップ

耳に残った歌を無意識に口ずさんでいることがあります。それは脳が喜んでいるのでしょう。ぜひ、その喜びを膨らませましょう。気になる歌、流行の歌を調べて、歌ってみるのです。

リズムや音程を合わせるために脳の機能はフル稼働。酸素を取り入れるのでその巡りもよくなります。楽器を演奏してみるのも最高の刺激です。気分がよくなったら、脳内では快楽物質と呼ばれるドーパミンが分泌されていることでしょう。

4/8

ためす

春の気分でプチ模様替えをする

春の気分で模様替えをしてみましょう。模様替えといっても、家具の配置を変えるような、おおがかりなことではありません。物の置き場所を変えたり、クッションカバーなどの色を変えるだけでもいいでしょう。

景色が変われば視覚情報が変わり、無意識のうちにあちこちを観察するので、高度な脳活動が促されます。

新しい収納ルールを取り入れるのも有効。理解して覚えるために脳はさらに活性化します。

4/9

学ぶ

知っておきたいホルモンのこと

カギを握るのは男性ホルモン

ホルモンは、体内で密かに分泌され、体の機能を細やかに調整する縁の下の力持ちのような物質です。普段は目立ちませんが、ホルモンの量の増減によって心身に影響が出ると、私たちはホルモンバランスが変わったことに気づかされます。

ホルモン量の増減が大きくなるのは、女性は50歳くらいから。女性ホルモンが大幅に減少し、男性ホルモンが増えていきます。逆に男性は、20代をピークに穏やかに男性ホルモンが減っていきます。

男性ホルモンは、性欲向上、意欲向上などの働きがあります。また、社会性を高め、人づき合いを活性化させます。

つまり、男性ホルモンが増えた女性は活発になる。これはとても素晴らしいことです。わき上がるバイタリティーを抑え込まず、思う存分発揮することで、連動して脳も活性化するという好循環が生まれます。

ただし、ストレスや極端なダイエット、服薬によってコレステロールが不足し、男性ホルモンが減少することがあります。

やる気が出ない状態が続く場合は、男性ホルモンが減っている可能性も。加齢ばかりに目がいきがちですが、日々の生活の中で自分の体の変化を感じ取り、対処することも大切です。

4月

4/10

感じる

4月の和風月名は？暦の言葉で感性磨き

4月の和風月名は「卯月」。卯月の「卯」は卯の花のこと。卯の花はウツギの花で、初夏になるとたくさんの小さな白い花を咲かせます。ウツギは沖縄を除く日本各地に自生する落葉低木。生け垣などにもよく使われているので、花の時期になるとハッと気づかされることも。

4月の和風月名は他にもたくさんあります。山に残る桜を表す「花残月《はなのこりづき》」、渡り鳥のホトトギスを待ちわびる「鳥待月《とりまちづき》」。表現の感性にドキリとします。季節の移ろいを楽しむ気持ちを大切にしたいものです。

4/11

ためす

口癖を作ってみる「そうとは限らない」

口癖によって感情や行動が影響を受けることは確実にあります。だからこそ、意識して口癖を追加してみましょう。たとえば、テレビでコメンテーターがスパッと言いきったとします。なんとなく納得してしまうのではなく、おかしいと思ったら「そうとは限らない」と、口に出してみてください。

自分の言葉をきっかけに、「例外もある」「こうも考えられる」と脳が回転し始め、思考の老化予防につながります。

4/12

ためす

私流にボタニカルセラピー

植物を育てることは、とても頭を使います。

日当たりはどの程度必要なのか、温度、水やりの頻度、肥料は必要なのかなど、植物を観察しながら対応していかなければなりません。マニュアルどおりにはいかないからこそ、前頭葉が働くのです。

また、ほとんどの植物は太陽の光を必要としています。庭やベランダであっても、世話の度《たび》に日の光を浴びることになります。幸せホルモンと呼ばれるセロトニンの分泌量が自然と増え、気持ちが前向きになり、眠りのリズムも整います。

さらに、植物には人をリラックスさせる力があります。きれい、かわいい、愛おしいと思うことは、脳にとって素晴らしい癒やしです。医療や介護の現場では「フラワーセラピー」という療法もあるくらい。

新芽が出た、花が咲いた、ハーブや野菜なら、食べる楽しみも増えて、日々の暮らしに喜びがどんどん増えるでしょう。

4/13

ためす

新しい調理道具をひとつ買ってみる

日々の暮らしで、もっとも脳を使う作業のひとつが料理です。でも、同じ炊飯器で米を炊き、同じフライパンで炒めて、同じ鍋で味噌汁を作る日が続くと、脳は退屈してきます。

そこで、新しい調理道具をひとつ、追加してみましょう。コンロでパンを焼ける網、キャンプでも使えるホットサンドメーカー、家族や仲間と楽しめるタコ焼き器。プロの料理人が愛用しているというトングの使い心地をためしてみたり、100均で隠れた便利アイテムを探してみたりするのもありです。

道具がひとつ加わるだけで、マンネリで使われていなかった脳は喜んで目覚めます。「どうやって使うんだろう？」「何を作ろうかな」と、考えることが増えるでしょう。

もし、使いづらかったなら、「買わなきゃよかった」と思うのではなく、頭を切り換えて「どうやったら使いやすいか」を考える。そんな思考が、脳によい影響を与えます。

4/14

ためす

春の気分で選んでみる　黄色とピンク、ためすなら？

色は思っている以上に人の心に影響を与えています。これは、心理学的にも脳科学的にも証明されており、商品やインテリアなどのデザインにも色彩の効果が取り入れられています。つまり、選ぶ色によって気分も行動も変わるということです。

では、今の気分で選んでください。黄色とピンク、どちらにしますか？

黄色を選んだ人は、明るくハッピーでポジティブな気分。黄色はそんな気分を後押ししてくれます。

ピンクを選んだ人は、かわいくて若々しい気分。ピンクはそんな気分を後押ししてくれます。

これが一般的な色の意味と効果です。どうでしたか？　違うと思った人も、深層心理にマッチしていることがあるので、選んだ色を身につけるなどしてためしてみてください。いい気分になったり、いいことがあったらマッチした証。いい効果がなければ、違う色をためして、感じ方を比べてみましょう。

4/15

ためす

ハーブの香りで脳を活性化

春らしく軽やかにハーブ料理を作りましょう。

嗅覚はとても原始的な感覚器です。香りを嗅ぐと、一瞬でいい気分になるのは、脳がグルグルと考える前に、感情が動くから。これは脳にとってとても刺激的なことです。

テレビやスマホにかじりついて、視覚と聴覚ばかりを使っていると、知性や理性に関わる大脳新皮質だけが活性化し、感情に関わる大脳辺縁系があまり働かなくなってしまいます。

最近では、嗅覚と認知症の関係も注目され、「匂いに鈍感になったら、アルツハイマー型認知症の初期症状の疑いがある」と言われています。

ハーブ料理といっても、チョイ足し感覚でOK。チキンソテーにローズマリーを加える。ローリエ1枚を加えてごはんを炊く。大葉やミョウガといった和のハーブをパスタに加えてみる。蓋を開け、香りを嗅いだ瞬間に、脳は活性化し、気持ちがリセットされるでしょう。

4/16

ためす

飲んだことのないコーヒーをためす

ドリンクはマンネリになりがち。だからこそ、違う味をためして脳に刺激を与えましょう。前の頁で触れたように、香りのよいものが効果的。コーヒー、紅茶、ハーブティーなどの香りは、感情に響きます。

コーヒーや紅茶のカフェインは、心臓病や脳卒中の予防効果があると言われる一方、不眠などを起こす恐れがあると言われています。でも、これは個人差があるので、自分の体と相談しながら取り入れてください。

4/17

ためす

初めてのパンを冒険してみる

パンに旬はありませんが、春は各地で「パンフェスタ」が開催される季節です。パンフェスを訪れたり、初めてのパン屋さんを訪れて、食べたことのないパンを食べてみましょう。

経験を重ねて辿り着いた50代、60代。食べ物も、ハズレを恐れてお気に入りで固めてしまいがちですが、ますます冒険は必要です。

お店の雰囲気、食べた感想、次はあれを食べてみたい。感じることすべてが脳への刺激です。

4/18

ためす

パートナーや友だちに好きなところを10個伝える

他の国の人に比べて、日本人はコミュニケーション能力が低いと言われています。その原因のひとつが「視野の狭さ」です。

そこで、視野を広げるためにためしてほしいのが「相手の好きなところを10個伝える」こと。

まずは、相手のことを観察したり、思い出したりする作業で脳はフル稼働します。具体的なエピソードも一緒に思い起こされるでしょう。さらに、伝えるための言葉を組み立てる作業で前頭葉はさらに活性化。

実際に伝えるのには勇気が必要です。ドキドキしながら口に出すのは脳にとって超刺激的。

相手の反応を見ることでも、脳の活性が促されます。

コミュニケーションを妨げる思考の癖も併せてチェックしておきましょう。気づいて意識することで改善が可能です。

チェックが多い人は要注意!

コミュニケーションを妨げる思考の癖をチェック

- □ 白か黒かで判断する
- □ 妥協を許さない
- □ たった一度のことで判断する
- □ 決めつける、レッテルを貼る
- □ 思い込む
- □ 欠点ばかり見る
- □ 長所を過小評価して卑下する
- □ ちょっとしたことで絶望する
- □ その場の感情に支配される
- □ 〜すべきと考える
- □ 関係ないのに自分と関連づける

4/19

ためす

春の果物でストレス解消！

春の果物を使ってジャムやシロップを作りましょう。

「ジャムを作ると気持ちがスッキリする」「コトコト煮込んでいると、ストレスが消えていく」「いい香りに癒やされる」など、ジャムやスイーツを作ることは、ストレス解消になるという人がとても多いようです。

２０１９年ごろから、「ストレスベイキング」という言葉が広まっています。「お菓子作りでストレスを解消する」という意味です。

「ストレスベイキング」のポイントは、難しすぎないこと。ジャムをコトコト煮る、クッキーの生地をこねるなど、無心で作業することで、緊張がほぐれる。脳が心地よいと感じる甘い香りが漂い、完成したときの達成感も味わえる。結果、とてもハッピー！というわけです。

精神科医や心理学、脳科学の研究者の中には、お菓子作りはマインドフルネス、脳の雑念を取り払い活性化させるという意見もあります。

4/20

ためす

汚れが気になっていたところをきれいにする

年をとると、色々なことがおっくうになりがちです。家事もしかり。できないことが増え、手を抜くのが当たり前になっていきます。60歳を超えたら、我慢も無理もしなくていいのですから、それでOKです。

でも、完全にやめるのではなく、できる範囲で続けましょう。なぜなら、家事は格好の運動だからです。特に、もっとも運動になる掃除は頑張ってみるのがおすすめ。まずは、自分がどれくらい掃除ができるのかためしてみてください。

たとえば、照明のほこりの掃除。椅子や脚立に乗るのはやっぱり危ない。ならば、高いところを掃除できる便利アイテムを探してみる。高いところに届くハンディータイプのモップを使ってみる。実際にそれで掃除をしてきれいになったら大成功。

さらに年齢を重ねておっくうなことが増えたら、自治体のシニアサポートセンターなどに手伝いを相談してみるのもいいでしょう。

4/21

学ぶ

『論語』に学ぶ、行動することの大切さ

憤《いきどおり》を発して食を忘れ、
楽しんで以て憂《うれえ》を忘れ、
老の将に至らんとするを知らず、
爾《しか》りと曰はざるや。

これは、『論語』の一説で、孔子が自身のことを言い表したものです。

その意味は、
「熱が入ると食事をすることも忘れるほど集中し、楽しいことをしていると悩みも心配事も忘れてしまう。そしてすっかり年をとったことにも気づかない」。

好きなことや得意なことには夢中になれるものです。自然と努力を重ね、自ずと上達します。ただ楽しいからやっている、好きだからもっと知りたいという欲求に従っているだけで、いつの間にかその道のプロフェッショナルになっているのです。

まさに「好きこそものの上手なれ」。

こんなにも幸せなことがあるでしょうか。好きな物事に没頭することは、何歳になっても遅くはありません。

4月

4/22

ためす

苦手な人とあえて話してみる

苦手だと思うこと、気が進まないことをするのはストレス。避けるべきでは？と思われるかもしれませんが、それはちょっと早計。もしかしたら、苦手なのも気が進まないのも、すべては脳の錯覚かもしれません。

苦手な人との会話について考えてみましょう。

なぜその人のことが苦手になったのか？　たとえば、以前は同じ意見で味方だと思っていたのに、意見が合わないことがあって以来、苦手になったのだとします。相手のことを、敵か味方か、優しいか厳しいか、好意的か冷淡かといった具合で、二者択一的に見ていないだろうかと考えてみるのです。

すると、その人は敵ではないし、意地悪ではないところも見えてきます。実際、もう一度話してみると「あれ？　苦手じゃない」となる。

二者択一的な思考から解放され、脳の錯覚から抜け出したら、苦手な人も物事も減り、ストレスも激減するでしょう。

4月

4/23

ためす

上質なオリーブオイルでアンチエイジング

油は高カロリー。太るし、健康によくないと思われがちですが、脂質は大事な栄養素です。

一番よいのは、新鮮で良質な油を摂ること。中でも普段の料理に取り入れやすいのは、オリーブオイルです。

オリーブオイルには、オレイン酸が多く含まれており、善玉コレステロールを減らさず、悪玉コレステロールのみを減らす働きがあります。ポリフェノールやビタミンEなどの抗酸化物質も含むので、アンチエイジング効果も期待できます。

オリーブオイルは熱による酸化が少ないので、加熱料理用にも向いています。ただし、光によって酸化しやすいので、遮光ボトルを選ぶのがベスト。ちょっといいオリーブオイルの小ボトルを買い、新鮮なうちに使いきるのがおすすめです。

オリーブオイルは、辛味や苦味があるものや香りがいいものなどさまざま。色々ためして料理によって使い分けてみれば、食事の楽しみも広がるでしょう。

4/24

ためす

新しいアプリを使ってみる

60歳を過ぎたら、率先して便利なアプリを使いましょう。「使いこなせない」「難しい」と思い込んで、尻込みしているのはもったいない。高齢になるほど恩恵を受けるべきです。だって、自分の代わりに色々とやってくれるわけですから。ひざが痛くて階段を上がるのがしんどいから、エスカレーターを使うのと同じことです。

たとえば、旅行に行くなら、航空会社のアプリを入れましょう。これで、航空券の予約からチェックインまで、スマホで全部できてしまいます。使ってみれば、なんと便利な！と感動するでしょう。

大好きな植物などを検索できる図鑑アプリも、写真を撮ってすぐに調べることができるので、鮮度のよい楽しみ方ができる。脳の活性化にもおおいに役立つでしょう。

〝使わず嫌い〟はもう卒業。無料のアプリなら、使ってみて気に入らなければ削除すればいいんです。

4/25

ためす

ツバメを探して感覚を研ぎ澄ます

バードウォッチングというとハードルが高いと感じてしまうかもしれませんが、「ツバメを探して散歩する」なら、どこでも手軽に楽しめます。

散歩中に、何気ない景色に楽しみを見つけられるようになるのは素敵なことです。

耳を澄まして鳥の声を聞き、鳥の姿を見極めようと集中することで、体中の感覚が研ぎ澄まされます。ツバメの巣を見つけたら、かわいい赤ちゃんたちに癒やされるでしょう。

4/26

ためす

安心よりワクワクに飛びついてみる

無意識のうちに、ワクワクより安心を選ぶようになっていませんか？　もし、そうなら、残念ながら老いの表れです。

たとえば、レストランで珍しい料理を発見し、周りの人が「まずかったらイヤ」と言ったとしても、興味があるなら「食べてみる！」と、飛びついてみましょう。そのおかげで、思いがけない美味しさに出会うかもしれません。口に合わなかったとしても、「いい経験！」と思えばそれでOKです。

4月

4/27

ためす

自分にも相手にも70点をつけてみる

年をとるとイライラすることが増えがちです。

「あの人はいつも時間にルーズだ！」「なぜ、すぐに散らかすの？」「あ〜、イライラする！」。でも、周りを見るとイライラしているのは自分だけ。

実は、イライラするのは自分のせい。自分が他の人より時間に厳しく、きれい好きな性格だからです。自分の基準で完璧を求めるから、相手の行動に不満を抱いてしまうのです。

自分にも他人にも完璧を求めるのはしんどいことです。年をとればなおさら。自分自身、できないことが増えてくるのですから。

自分にも、他人にも完璧を求めるのは、ほどほどにしてみましょう。「ま、こんなもんか」「仕方ない」と開き直ればいいのです。100点ではなく80点、70点を目指せば、できなかった……とイライラすることが減り、できた！と達成感を得られて脳もハッピーな気分になれるでしょう。

4月

4/28

ためす

ちょっと おせっかいになってみる

おせっかいな人に出会ったこと、ありませんか？　戸惑うこともあるかもしれませんが、気にかけてくれて内心嬉しかったりするものです。

60代ともなると、これまで知識と経験を積み重ねてきたのですから、困っている人がいたら、迷わずおせっかいになってください。「出しゃばらないほうがいい」「迷惑かも」なんて考えず、気づいたことがあれば、「おせっかいかもしれませんが……」「私にできることはありますか？」「どうされましたか？」と、声をかけてみましょう。

おせっかいは人を呼び寄せるパワーがあります。「困っている人がいます」と、代わりに声を上げるだけで、周囲の人が助けてくれることもあります。軽く声をかけるだけで、相手が勇気づけられることもあるものです。人生の先輩からの優しいおせっかいは、案外いいものなんです。

4/29

ためす

イベントを活力剤にする

4月29日は昭和の日。ゴールデンウィークにさしかかる祝日ということもあり、各地でさまざまなイベントが開催されます。気になるイベントを調べて、出かけてみましょう。

家族を誘ったり、友だちや仲間と出かけるのもいいですし、一人で出かけてもいい。

せっかくですから、初めての食べ物を食べてみたり、音楽を聴いたり、参加型のイベントやワークショップなどがあったら、積極的にチャレンジしてみてください。

他の人と何かを一緒にすることで、自然とコミュニケーションが生まれます。周りの様子を観察したり、会話をすることは脳にとってとてもいい刺激となります。

イベントでは、ぜひ写真を撮りましょう。文章を添えてSNSに投稿したり、日記を書いたり、写真を見ながらそのときのことを誰かに報告すれば、記憶を整理することになるので、脳はますます活発に働きます。

4/30

ためす

本屋大賞受賞作品を読んでみる

国内の文学賞は、出版社が主催であったり、作家や文学者が選考するケースが多いのですが、「本屋大賞」は、新刊書を扱う書店の店員の投票によって選ばれます。

つまり、本が大好きな身近な人たちが、「コレ面白いから読んでみて！」とおすすめしてくれているような感覚で楽しめるのです。

しかも、新刊書だけでなく、過去に出版された本の中から「今読んでも面白い本」を選ぶ「発掘部門」もあり、読み逃していた素敵な本に出会える可能性もあるわけです。

毎年4月に発表されるので、気になる作品を読んでみましょう。話題の本ですから、SNSやインターネット上にはさまざまな感想が飛び交います。本を読んだ感想に正解はありません。自由に考え、感じる。それこそ最高の脳トレ！　色々な感想に触れ、「こんな風にとらえることもできるんだ！」と思うのも、いい刺激です。

5/1

ためす

季語で春を感じる「青山吹《あおやまぶき》」

日本には、自然や暮らし、文化から生まれた美しい伝統の色があります。

晩春の季語「青山吹」は、春らしい自然の色の取り合わせを表す色で、着物の色合わせにも用いられます。

青は新緑の明るい緑色。山吹は春の花が終わるころに咲く山吹の黄色い花の色で、赤みを含んだ黄色です。山吹は万葉時代から親しまれ、平安時代には「山吹色」という色の名が誕生。普通の黄色では言い表せない温かみのあるニュアンスを伝える、素敵な色の名前です。

「青山吹」は、着物では表地に青、裏地に黄の配色です。葉の間からのぞく山吹の花。爽やかな春の野山の情景が目に浮かぶような色合いです。

晴れた日には、山吹の花が咲くところへ出かけて「青山吹」を体感してみてください。青山吹の緑色に、空の青色、少し生温かい風が吹けば、夏の気配。脳はきっとワクワクを感じるはずです。

5/2

ためす

新茶タイムで五感をふるわす

立春から数えて八十八日目は、ご存じのとおり、茶摘み歌「夏も近づく八十八夜〜」の八十八夜です（5月1〜2日あたり。年によって変わります）。

新茶は、昔から不老長寿の縁起物とされてきました。冬の寒さに耐えながら、根や葉に蓄えた栄養を、春になると伸びる新芽に送っていきます。つまり、新芽は旨味と栄養がたっぷり詰まっているのです。

新茶が出回り始めたら、とことん丁寧にお茶を淹れてみてください。美味しいお茶の条件は、湯温70〜75℃とややぬるめ、蒸らす時間は50〜60秒がいいと言われていますが、そこはきっと茶葉によって異なるはずです。

さあ、実験です。どう淹れたら美味しくなるか？　温度、時間を調整しながら、味見をしてみましょう。色、香り、苦味、甘味、旨味……五感をフル稼働させるのです。

これだ！という味に出会えたら、きっと脳は大喜び。いい日になります。

知っておきたい老化のこと

老いに向けて準備する

40代、50代、一般的に身体的なピークはとうに過ぎています。ずっと頑張って、踏ん張って一定のレベルで仕事や家事をこなしてきました。

60代になるとさすがにそれも難しくなります。若い世代よりあらゆる面で見劣りしてきますが、それでもまだ元気。だから、60代は「老いを感じながらもチャレンジする」時期です。

70代になると、同じ世代でも差が生まれます。自由に歩き回れる人、杖がなければ歩けない人。目も耳も歯も同様に、衰え知らずの人がいるかと思えば、日常生活に不便を感じる人も出てきます。さらに、思考が柔軟な人もいれば、保守的になって他人の意見を受け入れられなくなる人も出てきます。70代は「老いの個人差を受け止めて、どう行動するか」が大切になります。

今、元気でハツラツとしていても、来年はどうなるかわからないのが老いです。不自由が増えた人のことを「ああはなりたくないな」「自分は大丈夫かな？」などと考えても仕方がありません。

5/4

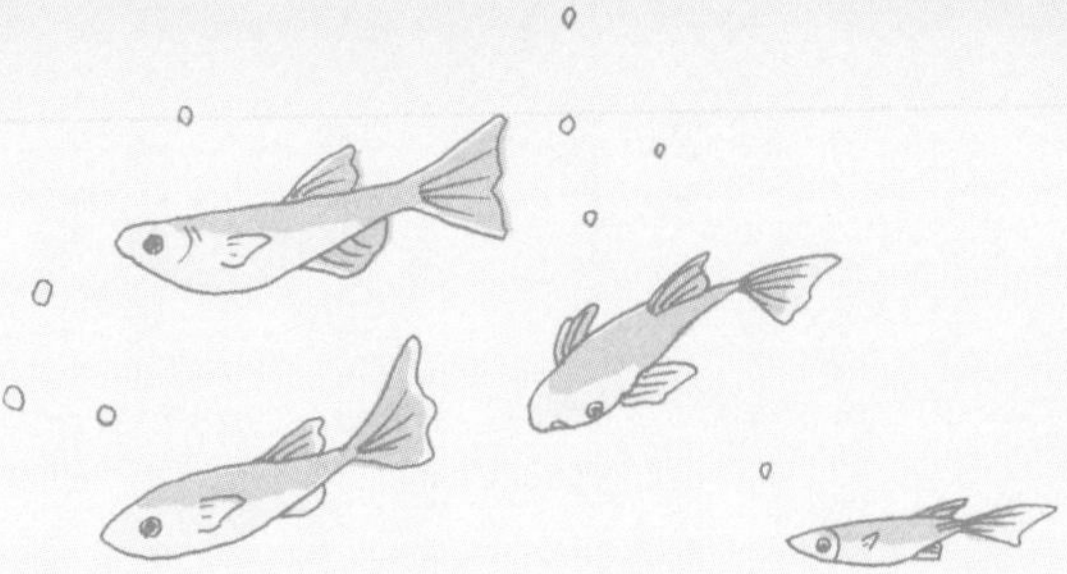

感じる

前向きになれる オードリー・ヘップバーンの言葉

フリルを取り去って、
リボンを取り去って、
さらに不要なものを取り去れば、
肝心なものの輪郭が
はっきりと見えてきます。

貧しかったころ、彼女は1セットのスカートとブラウスと靴、ベレー帽しか持っていませんでした。でも、14枚のスカーフを使ってオシャレを楽しんでいたそうです。

ファッションに限らず、「肝心なのは自分自身」。そう言われているような気がしてきます。

参考：『オードリー・ヘップバーンの言葉 AUDREY』山口路子著（大和書房）

5/5

ためす

端午の節句の縁起物を楽しんでみる

5月5日は端午の節句。柏餅をいただきましょう。

柏餅といえば柏の葉。新芽が出るまで古い葉が落ちないことから、子孫が途切れないという縁起が担がれています。

ちなみに柏餅は関西地方ではサルトリイバラという植物の葉で包みます。理由は関西には柏の木が自生していないから。また、新潟では柏餅ではなく笹団子、北海道では木の葉形の「べこもち」を食べるそうです。

5/6

感じる

5月の和風月名は？暦の言葉で感性磨き

5月の和風月名は「皐月《さつき》」。諸説ありますが、田植えの時期であることから「早苗月《さなえづき》」、略して「皐月」となったと言われています。皐月の「皐」は沢や沼という意味。田んぼに水を張るイメージと通じています。

さらに5月の異名は、他にも橘の花、菖蒲の花が咲くことから「橘月《たちばなづき》」「菖蒲月《しょうぶづき》」などがあります。季節を感じながら、花を探して散歩をしたり、田植え体験に参加するのもいいかもしれません。

5/7

ためす

下半身の筋肉を鍛えて代謝アップ

椅子を支えに使って行うスクワットをしましょう。支えがあるので転倒のリスクを軽減できるのがメリットです。体重がかかっても倒れない、安定感のある椅子を使ってください。

下半身のお尻や太もも、ふくらはぎなど、大きな筋肉を鍛える効果があります。血流が促されるので、代謝アップや冷えの改善も期待できます。

お尻は下げれば下げるほど負荷が高まります。無理のない範囲でゆっくり下げましょう。

椅子スクワット

1 椅子の後ろに立ち、足を大きく開いてつま先を斜め45度くらい外側に向ける。

2 両手を椅子の背もたれに置き、背すじを伸ばす。足の裏で床を押し、お腹を引き入れる。

3 息を吐きながら、ひざをつま先の方向に曲げ、お尻を真下に下げ、背すじを伸ばして3～5呼吸キープ。息を吸いながらひざを伸ばす。このスクワットを2～3セット行う。

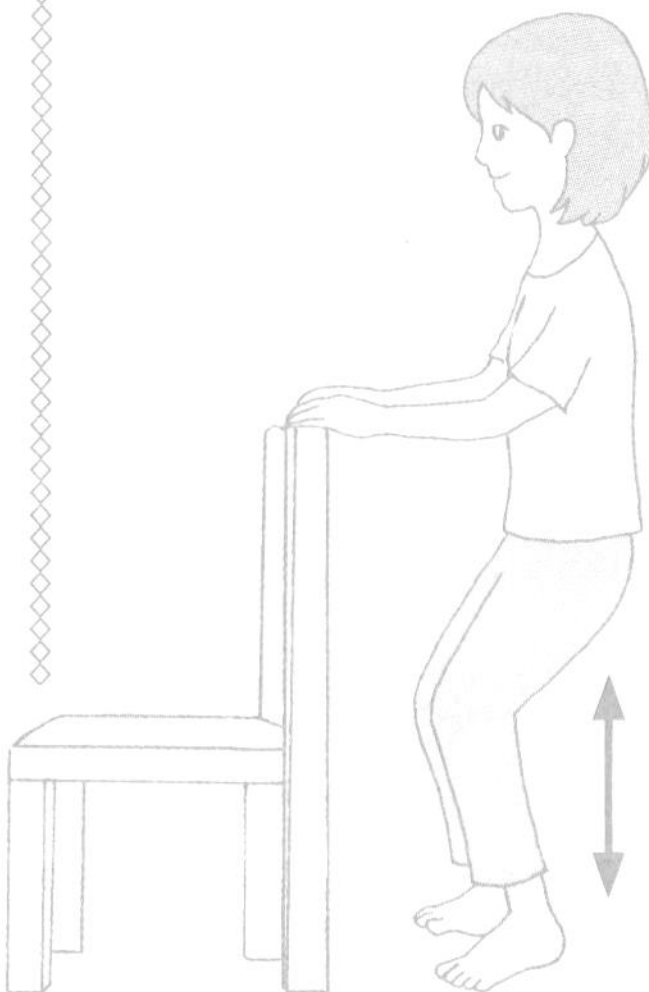

5/8

ためす

図書館で児童書を読んでみる

図書館に通っている人でも、興味があるコーナー以外にはあまり行かないのではないでしょうか？

それならばチャンスです。ためしに児童書コーナーに行ってみましょう。児童書コーナーによく行く人は、普段行かないコーナーをチェックしてください。

懐かしい本、今の子どもたちに人気の本、子どもたちにおすすめの本を聞いてみるのもいいかもしれません。きっと新鮮な気持ちになれるでしょう。

5/9

ためす

無理だと思うことをやってみる

自分には無理、苦手と思うことをいくつか書き出し、あえてその中のひとつにチャレンジしてみましょう。

たとえば、字をきれいに書くのが苦手なら、インターネットで「ペン習字　お手本　無料」と検索。なぞったりしてコツをつかめたら、自分でも書いてみる。こんな具合に工夫して挑戦してみるのです。成功のコツは小さな目標を設定すること。クリアするたびに達成感を得られて、次への活力になります。

5/10

ためす

スイーツのトレンドに詳しくなってみる

トレンドに敏感な人も、なんとなくスルーしている人も、話題のスイーツをチェック。近年ではコンビニスイーツが人気となり、ブームを作ることも珍しくありません。コンビニを巡ってみたり、近所のケーキ店を訪れたり。SNSで話題のスイーツをチェックすれば、最新の情報をゲットできます。

食べてみたい！と思ったらすでに脳はワクワクしています。そのワクワクを逃さず、ぜひ行動に移しましょう。

5/11

ためす

思い出の母の味を食べる

5月の第2日曜日は母の日です。お母さんがご健在なら、会いに行って一緒に食事をするのもいいものです。離れていて会えなかったり、すでに他界されているなら、思い出の味を食べに行ったり、再現したりしては？　記憶を辿ると、食卓の光景とともに味の記憶がふっと蘇ることがあります。昔の感覚が呼び起こされた瞬間、脳に衝撃が走ることも珍しくありません。思い出すことも最高の刺激となるのです。

5/12

ためす

孤独と上手に付き合ってみる

5月

「大人になると友だちができにくくなる」というのは嘘。趣味のサークルや同じ悩みを持つ仲間同士が友だちになるケースは珍しくありません。

一方、「友だちができない」と感じている人は、そう思い込んでいるから友だちができないだけ。メンタルブロックが働いていることが多いようです。また、仕事と家にしか居場所がなく、出会いが少なすぎるというケースもとても多い。

もちろん、気の合わない人と無理に付き合う必要はありませんが、気の合う人を見つけて、遠慮のいらないコミュニケーションをとることは、メンタルヘルスにいいことです。

人間は、あらゆる面で依存しないと生きていけない生きものです。一緒に働く人、いざというときに助けてくれる人や物、話し相手、ランチを一緒に食べる人、趣味を一緒に楽しむ人も、趣味自体も、そしてもちろん友だちも。

こうした依存先は多ければ多いほどいい。どれかひとつがなくなっても、他の依存先があれば救われる。だから孤独でも平気だと思えるのです。

孤独と上手に付き合うためにも、依存できる友だちはいたほうがいい。依存できる楽しみも多いほうがいいのです。

5/13

ためす

嗅覚散歩で海馬を刺激する

5月も半ばになると、梅雨入りの気配がしてきます。その前に、思いっきり散歩を楽しみましょう。ただ歩くのではなく、香りをテーマにした散歩です。

4月15日の頁でも、嗅覚について少し解説しましたが、脳と嗅覚の関係はとても興味深く、嗅覚と認知症の関係も研究も進んでいます。

さらに面白いのは、嗅覚と記憶の関係です。

「塩素の匂いで子どものころのプールを思い出す」。そんな経験もあるでしょう。

人間の五感の中で、嗅覚だけが記憶を司る海馬という脳の部位に直接信号を送ることができるため、匂いを嗅いだ瞬間、「記憶」が蘇るのです。

散歩をしていると、嗅いだことのある甘い花の香りがふわり。この香りは何だっけ？と思ったら、写真を撮って検索。あ、クチナシだ！とわかったら脳はビビッと記憶にインプット。こんなことの繰り返しも、脳への刺激となります。

5/14

ためす

ファッションに「今」を取り入れてみる

ファッションは自分の一部。個性や主張、気分が表れるものです。逆に、ファッションによって自分が影響を受けることも確実にあります。

流行のカラーやアイテムを取り入れたら、どんな気分になるか？ 身をもって実験してみてください。若々しい気分になったり、表情が明るくなったら、大成功！ しっくりこなかったら着こなしに工夫をしてみましょう。少しでも新しい発見があれば結果オーライです。

5/15

ためす

小さな「好き」を探してみよう

自分でも気づいていない「好き」を発掘しましょう。よく聞くラジオやテレビ番組、よく読む雑誌や本、よく行くお店などを書き出してみると、好きなものが見えてきたり、友だちとの会話から好きなものがわかったりすることもあります。

友だちの好きなことに付き合っているうちに、自分も好きになっていたというのも、とてもいい影響。好きなことについて話したり聞いたりすることで、脳は刺激を受けるのです。

5/16

ためす

水中散歩で最高の運動をする

気温が上がり、初夏の雰囲気になってきたら、プールに行きましょう。

「プールなんて恥ずかしい」「カナヅチだから……」という人、安心してください。

プールは今やシニア向けの施設。スポーツジムの利用者データを見ると、もっとも多いのは60代、その次は70代です。実際にプールの様子を見てみると、泳いでいる人もいれば、歩いている人もいます。「水中ウォーキング」は、素晴らしい運動です。水中では浮力が働くため、ひざや腰に負担をかけることなく、安全に運動できます。

また、水の冷たさが刺激となり、体は体温維持のために熱を生み出します。体温調節機能が鍛えられるうえに新陳代謝もよくなり、リラックス効果もある。水中を歩くだけで、たくさんの効果を得られるのです。

まずは、格安で利用できる公営のプールやジムのおためしチケットを使い、水を切って歩く快さを味わってください。

5/17

ためす

初鰹を江戸っ子気分で味わう

目には青葉　山ほととぎす
初鰹

江戸っ子が愛した初鰹の季節を、たくさんの季語を重ねてイキイキと表現しているのは、山《やま》口《ぐち》素《そ》堂《どう》という俳人の句です。

現代では、鰹のたたきといえば、大葉、ねぎ、ニンニク、ショウガなどの薬味をのせてポン酢で食べるのが定番ですが、江戸っ子たちはどのようにして食べていたのか？

江戸時代の風俗を記した『守貞謾稿』という書物によると、脂が少なくあっさりとした初鰹は、大根おろしと醤油で食べるのがいいとされていました。

また、江戸時代の絵師・英《はなぶさ》一蝶《いっちょう》は三宅島に流されたときに「初鰹　芥子《からし》がなくて涙かな」という句を詠みました。江戸では、初鰹には芥子をつけて食べるのがツウだったようです。

ピリ辛の大根と芥子。刺激を添えて楽しめば、新しい味に、脳もピリッと喜ぶはずです。

5/18

感じる

モヤモヤが吹き飛ぶ！ 哲学者・ニーチェの言葉

忍耐強き者共。――松は聴き従ふやうに、樅はぢつと待つているやうに見える。そしてどちらも気短かなところなしに。彼等は気短かと物ずきとに食ひ尽されるやうな、下の小さな人間などを考へないのである。

「忍耐強いものたち。松の木は耳を澄まして聞き入っているようだ。モミの木はじっと待っているように見える。どちらも気短さはみじんもない。木の下で忙しくする人間のことなど、考えることなく、静かに佇んでいる」。

ニーチェは、木からも見習うべきことがあると言うのです。

ただ、そこにいて、すべてを受け入れて、ただただひたむきに生きている松の木やモミの木。

年をとったことを嘆いたり、不安に襲われてあたふたするのではなく、どんと構えてみませんか？

参考：『ニイチエ全集 第2編（人間的な余りに人間的な）上，下巻』（新潮社）

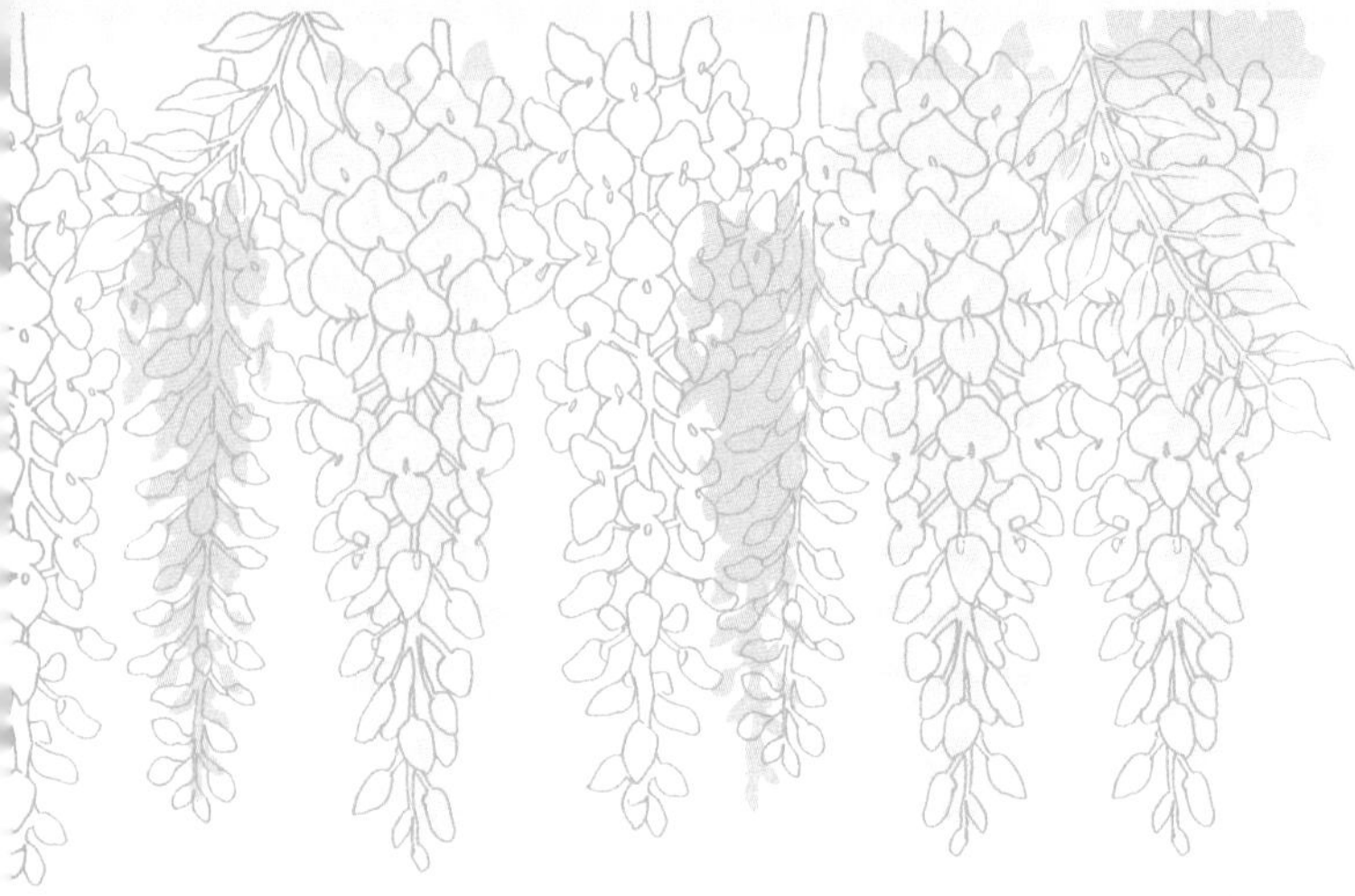

5/19

ためす

5月

早起きをして明けの明星を見る

明け方の東の空にひときわ輝く星を見ることができます。「明けの明星」と呼ばれるその星の正体は、金星です。

金星は太陽系の惑星のひとつ。地球の隣に位置し、一緒に太陽の周りを公転しています。地球と大きさが似ていることから「地球の兄弟星」とも言われています。

太陽の近くに表れるため、日の入り後の西の空か日の出前の東の空にしか姿を見せません。

晴れの日の夜明け前、だいたい5時ごろでしょうか。早起きをして空を眺めるのもいいものです。朝焼けでうっすらと紫色に染まる東の空に、明けの明星が見えます。少し温かみのある光で、夜の終わりを告げているかのようです。

明けの明星を眺めてみて、どんな気分でしたか？　体調は？　自分自身に問いかけてみましょう。よかった！と思えたら、脳が喜んだということ。たまには明け方の空を眺めるのもいいものです。

5/20

ためす

初めての店でドキドキを味わう

テレビや新聞、雑誌で紹介されていたカフェ、散歩の途中に見つけたパン屋さん、いつも行列しているラーメン店、有名な作家が通ったというBAR。

気になる店があるなら、行ってみましょう。一人、探検気分で行くのもワクワクするし、誰かを誘って楽しみを共有するのもとてもいいことです。

お店の人に、「来てみたかったんです」「初めて来ました」と素直に伝えれば、きっと喜んで受け入れてくれるでしょう。

何より、初めての景色や味、出会いは脳にとって刺激的。楽しかったと思えたら、それが次のチャレンジにつながります。

そのためには「気になっていた」が大切。日ごろからアンテナを張っていないと「気になる」「行ってみたい」という感情は生まれません。

もし今「気になる」がないから、アンテナの感度が鈍っているのかも。小さな「気になる」をキャッチするためにも、アンテナ磨きは大切です。

5/21

感じる

季語で春を感じる「陽炎《かげろう》」

穏やかな春の日。湿度が高くて気温が上がると、地面からかすかな蒸気が立ちのぼり、景色がゆらめいて見えます。これが陽炎。春の季語です。

「陽炎」と書いて「かげろう」と読むのはなぜ?と思ったら、脳がビビッと反応したということ。調べてみましょう。

『古事記』や『万葉集』では陽炎は「かぎろひ」と読まれ、光がほのめく様子を表していました。「かぎろひ」が変化して、かげろうになったそうです。

陽炎を詠んだ俳句にも出会えました。

かげろふや　猫にのまるる水たまり　　芥川龍之介

湿気が多く、空気がゆらゆらとする春の日に、猫が水たまりの水を飲んでいる。何気ない光景を詠んだ句ですが、その光景を見て、何も感じなければ生まれなかった句です。観察すること、感じること。日常の中にも、感性を揺さぶる出来事はちりばめられているのです。

5/22

ためす

無料スポットを発見、開拓、堪能する

「何をするにもお金がかかるから……」と思うのは、間違いではありませんが、実はそうとも限りません。散歩や俳句のように無料で楽しめる趣味はたくさんあります。でも、楽しみの種類は多いほうがいい。

そこでためしてほしいのが、無料スポットです。探してみると、無料で楽しめる場所はたくさんあります。

たとえば、寺社仏閣、市町村が運営する動物園や植物園、民俗資料館。省庁が運営する博物館、企業が主催するミュージアムやギャラリー、工場見学や酒蔵見学、施設見学ツアーなど、無料で見学したり体験できるところはとても多く、クオリティーが高いスポットもたくさんあります。

とにもかくにも、行ってみなくちゃわかりません。時間と交通費、そしてワクワクがあればチャレンジ可能。行ってみて、まあまあだったなと思っても、無料だからよし、次だ、次！　その精神が大事です。

5/23

考える

しんどくなったら隠さず、甘える

年をとると、できないことが増えてきます。頑張ってもどうにもならないことを突きつけられる。

そうなったとき、どうしますか？　なんとかして自力で頑張るというのは60代まで。70代になったら、潔く甘えてください。年をとったのですから、恥ずかしくなんてありません。

私たちは子どものころから「人に迷惑をかけてはいけません」と教えられてきました。そのせいか、真面目な人ほど甘えることに対するハードルが高い傾向があります。

だから、60歳を超えたら、少しずつ甘えのハードルを下げていきましょう。

周りの人に相談することで、コミュニケーションが生まれます。ここまでは自分でできるけれど、これ以上は助けてもらおうというふうに、考えることで自分自身を客観的に見ることもできます。周りの人も、いざというときには助けやすくなるでしょう。

5/24

考える

周りの人に自分の口癖を聞いてみる

自分のことは自分が一番わかっているようで、案外わかっていないものです。

その代表が口癖です。口癖には思考の癖が表れます。

まずは、自分の口癖を周囲の人に聞いてみてください。気づいていない口癖があり、それが「イヤだな」と思ったら、その理由を考え、意識して口癖を変えていきましょう。

口癖を変えることで、思考が変わり、行動が変わることも珍しくありません。

5/25

ためす

食卓を初夏にコーディネートする

マンネリになりがちな食卓に初夏を取り入れてみてください。

器やランチョンマットをひとつ新調したり、ワンプレートにしてみたり。丁寧に盛りつけるだけでも違って見えます。

見た目が変わると気分も変わり、料理が美味しそうに見えることだってあるのです。ためしてみて、いいね！と思ったら、写真を撮るのもおすすめ。どうやったら美味しそうに撮れるか、これも結構工夫が必要です。

5/26

考える

プライドと上手に付き合ってみる

「プライド＝誇り」ならば大事なこと。年をとっても堂々と誇りを持って生きたいものです。

しかし、プライドはややもすると世間体と結びつきます。「かっこ悪いからやめよう」「恥ずかしい」などと思うのは、世間体を気にしすぎているからかもしれません。

「補聴器なんて恥ずかしい」だから会話が苦手になった。「トイレが近くて心配」だから出歩かなくなった。「わからないけれど人に聞くのはイヤ」だから話についていけなくなって、孤立してしまった。

プライドのせいで行動範囲が狭くなったり、楽しみを失うのは悲しいことです。世間体という名のプライドなら、さっさと捨ててしまいましょう。気にしているのは当人だけ。周りはなんとも思っていません。

むしろ、補聴器をつけていたり、質問をぶつけたりしたほうが気に掛けてもらえます。コミュニケーションを取ったほうが楽しいし、脳が活性化します。

5/27

ためす

明るい色のレインアイテムを買う

そろそろ梅雨入りです。雨の日は、出歩くのがおっくうになり、家にこもりがちに……。年をとると、たとえ1週間でも家にこもるのはよくありません。体力低下、運動機能低下のリスクが高まります。少しでも外に出て体を動かし、人と接する機会を増やしたいところです。

そこで、雨の日のための作戦を立てましょう。

まずは雨の日でも気分が上がる明るい色の傘やレインウエア、長靴などを買ってみてください。

色は脳や心身に影響を与えます。赤やオレンジ色は、やる気や行動力を高め、黄色は夢や希望を思い起こさせ、好奇心を刺激します。

子どものころは雨の日が楽しみで、長靴を履いて出かけては、水たまりに飛び込んだり、傘をクルクル回して遊んだものです。そのときの気持ちを思い出してみてください。足元には注意が必要ですが、雨を楽しむ気持ちがあれば、出歩くのも苦にならなくなるでしょう。

5/28

学ぶ

知っておきたい血圧のこと

高血圧は病気ではない

高血圧の基準は、最高血圧が１４０㎜Ｈg以上、最低血圧が90㎜Ｈg以上とされています。

しかし、この数値未満に収まる人の割合は、年を重ねるごとにどんどん減っていきます。

厚生労働省の「令和元年国民健康・栄養調査」によると、高血圧とされる人の割合は、女性では60代で50・1％、70歳以上になると、男女ともに約70％の人が高血圧。

正常値であるほうが異常と言えてしまうような状況です。

年をとれば血圧が多少高くなるのは当然のことです。加齢によって血流は悪くなりますが、血圧が高ければ全身の臓器に血液を行き渡らせることができる。つまり、高血圧は、加齢に対する適応現象のひとつです。

また、アメリカの大規模な疫学調査では、高齢者は、ある程度血圧が高くても健康へのリスクは上昇しないという結果も出ています。

それなのに、日本ではすぐに薬で数値を下げようとします。病気でもないのに……。

もし、高血圧の薬を飲んで頭がぼんやりして気持ちよく過ごせないなら、薬をやめて運動するなどで帳尻を合わせてみてください。体はみな同じではありません。健やかでいる方法も人それぞれです。

5/29

学ぶ

知っておきたい血糖値のこと

血糖値は少し高いぐらいでいい

血圧に次いで気になるのが血糖値でしょう。

以前は、「脂質が悪い」「脂質を摂りすぎると太る」「病気になる」と言われていましたが、近年では、糖質のほうが悪者扱いされているようです。糖質制限ダイエットが大流行し、糖の吸収を抑えるサプリメントやドリンクなどもたくさん登場しています。

でも、本当はそんな糖質制限をする必要はありません。そもそも、血糖値や血圧などに注意を払う大半の理由は脳梗塞や心筋梗塞といった血管障害を予防するためです。その最大の原因は動脈硬化ですが、血管も年をとれば硬くなるものです。

それよりも食べたいのに我慢を続けてストレスを溜めたり、極端に糖質を制限して低血糖になるほうが、よっぽど怖い。

医者の言うことを聞いて我慢を続ければ、ストレスで脳はやる気を失い、免疫力は間違いなく低下します。

医者のアドバイスをたまには聞き流し、好きな物を食べれば、栄養をもらった脳は必ず喜び活性化します。

どちらがいいかは人それぞれですが、どちらが幸せなのかは明白です。

5月

5/30

ためす

雨をテーマにベストショットに挑む

シニア女性（55～74歳の531名）を対象にしたスマホに関するアンケートによると、スマホで一番使っている機能は写真撮影。そして、さらに習熟度を上げていきたい機能でも写真撮影、写真加工が上位に入っていたそうです（2020年、ハルメクホールディングス 生きかた上手研究所調べ）。

つまり、多くのシニア女性が写真をよく撮り、さらに上達したいと思っているようです。その向上心はとても大切！ どんどんチャレンジしましょう。

5月も下旬になると、梅雨入りする地域が増え、雨の日が多くなります。せっかくなので、雨をモデルに写真を撮ってみてください。木々を濡らす雨、窓についた雨粒、傘を伝う雨水、雨を喜ぶカエル、水面にできる雨の波紋。素敵な景色がたくさんあることに気づかされます。

撮った後は、画像加工にもチャレンジ。加工アプリを使って微調整をしたりするのは、思った以上に脳を使いますよ。

5/3

ためす

口癖を作ってみる「頑張ってきたね」

人間は自分の短所に目が行きがちです。視野が狭くなると、なおさら短所に目が行きます。

そんなときは、「頑張ってきたね」と言ってみてください。自分の過去を認めることは、大切なことです。

そして、自分の「いいこと」を紙に書き出してみましょう。

これはうつ病などの精神療法（認知療法）でも用いられる、効果的な方法です。書き出すことで、自分の「いいこと」を脳が実感できるのです。

「健康である」「学生時代からの親友が一人いる」「料理が得意」「話すことが好き」「歴史小説が好き」「人付き合いがいい」「かわいいペットがいる」「子どもが自立した」「オシャレが好き」「おおざっぱ」「一人でラーメン屋に入れる」「ミーハー！」……。

書き出してみると、「自分はけっこう幸せだ」と感じるはずです。そう思えるのも「頑張ってきたね」があるから。少々の短所は霞んできます。

夏

Summer

恵みの雨を降らせる梅雨が終わると
力強い太陽が顔を出し、賑やかな蝉の声が響き、
空には入道雲がモクモクと姿を現します。
パワフルな夏の暑さは困りものですが、

困ったときこそ、「実験精神」を発揮するチャンスです。
夏の風物詩を、自分らしく楽しみながら
脳をフルに使って、暑さを乗り切りましょう。

二十四節気

芒種	6月6日ごろ
夏至	6月21日ごろ
小暑	7月7日ごろ
大暑	7月23日ごろ
立秋	8月8日ごろ
処暑	8月23日ごろ

6/1

ためす

おにぎりアレンジで散歩を彩る

梅雨入り直後で不安定な天気が続くころです。時々訪れる晴れの日には、太陽を浴び、外の景色を楽しみながら散歩をしましょう。せっかくですから、おにぎりを握って持参し、公園などでランチを楽しむというのもいいものです。

おにぎりも立派な料理。定番の鮭や梅、おかか、昆布もいいですが、アレンジしてみるのもおすすめです。

たとえば……

鮭→「鮭＋粒マスタード」

梅→「梅＋ツナマヨ」

おかか→「おかか＋ナンプラー＋黒コショウ」

昆布→「塩昆布＋チーズ」

こんな感じでアレンジするのです。特別なものを用意しなくても、あり合わせで十分。実験感覚で組み合わせを楽しめます。

いつもの散歩で見慣れた公園でも、いつもと違うおにぎりがあるだけでウキウキします。誰かを誘って「おにぎり持ち寄り散歩」もおすすめ。きっと会話も弾むでしょう。

6/2

ためす

ChatGPTに質問してみる

AIを活用したChatGPTは、質問するとその内容を理解し、自然な文章で答えてくれる素晴らしいアプリです。

ちょっと不安だと思う人は、こうイメージしてみてください。ChatGPTはドラえもん、人間はのび太君です。のび太君が困ってドラえもんに助けを求めると、ドラえもんは必要なアイテムを出してくれます。のび太君は、そのアイテムを使って自分で課題に立ち向かいます。

つまり、「困ったなあ」という悩みや「こんなことができたらいいな」という妄想に対してChatGPTが出してくれるのは、解決のヒント。実際に解決するのは自分なのです。

まずはアプリ（日本語版もある）を入れて登録してみましょう。わからないことがあればChatGPTに「ChatGPTの使い方を教えて」と聞けばいいのです。のび太君の目線で「困ったこと」「あれば便利だな」を考える習慣は、脳の活性化にもつながります。

6月

6/3

ためす

初夏の台所仕事　新ニンニクを仕込む

新ニンニクの旬は5月中旬〜6月ごろのひとときです。あまり日立つことがありませんが、一年に一度しかない、しかも短期間の旬です。逃さないようアンテナを張っておきましょう。

新ニンニク料理の定番は、丸ごとのホイル焼きや炊き込みごはんですが、保存食にもチャレンジ。味噌漬け、塩麹漬け、醤油漬け、酢漬けなどは、どれも皮をむいたニンニクを漬けておくだけで美味しくなります。

ニンニクは漢方にも用いられる生薬。血液サラサラ、代謝促進、免疫力アップなどさまざまな効果を期待できます。

『全裸監督』で知られる映画監督の村西とおるさんは、ニンニクの酢漬けを自分で作り、刻んでごはんにのせて毎朝食べていました。抜群の効果があり、疲れ知らずになり、朝の目覚めが信じられないくらいスッキリとするとインタビューで答えていました。

自分の心身が健やかになる食事を自分で発見したのです。

新ニンニクの酢漬け

新ニンニク…適量
酢…適量

1. 新ニンニクの皮をむき、清潔な保存瓶に入れる。
2. 新ニンニクがしっかり浸かるように酢を注ぎ入れ、蓋をして半年以上おく。

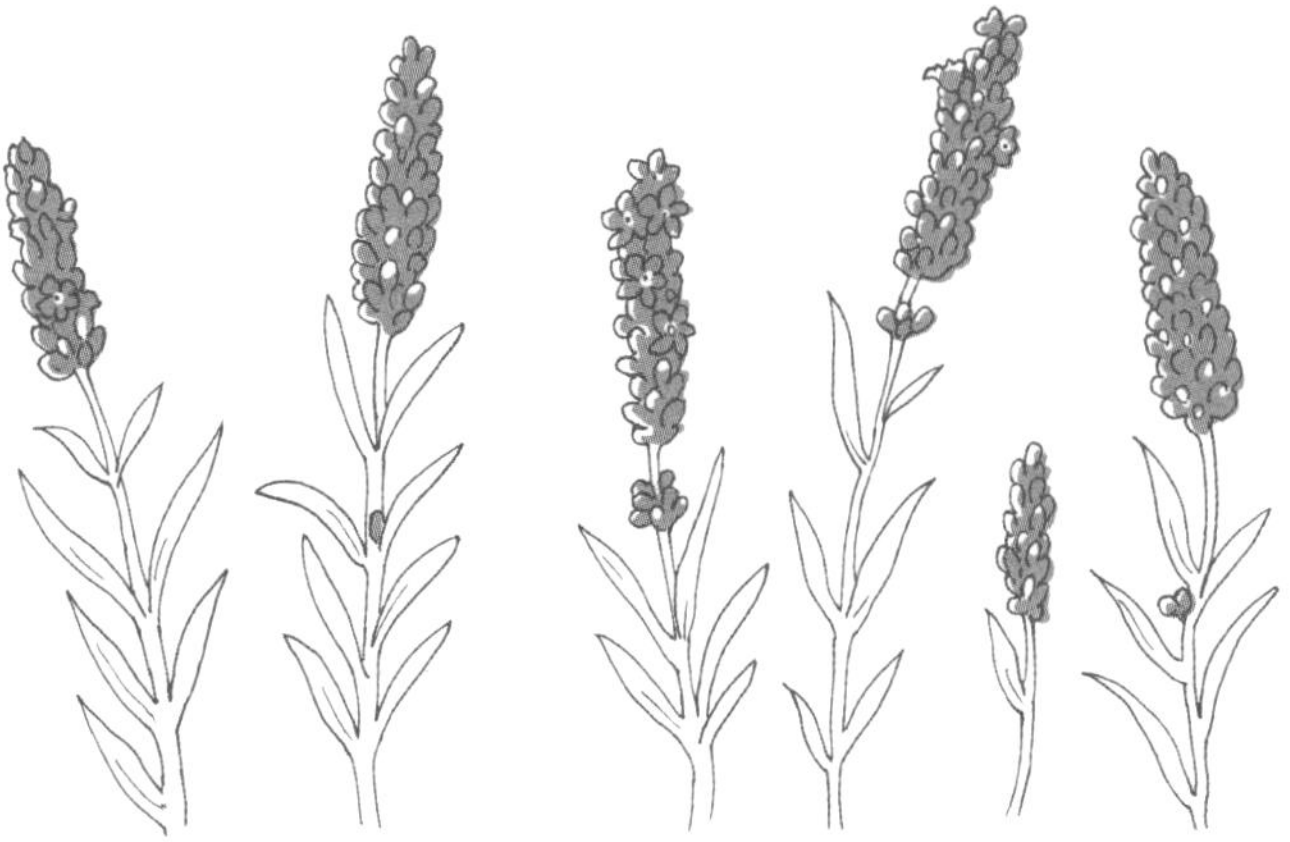

6/4

ためす

手相で自分と向き合ってみる

最近、自分の手をじっくりと見ましたか？　毎日使っているのに、意外と知らない自分の手。手相を見たことがある人も、ない人も、自分の手のひらをじっくり見てみましょう。

インターネットで「手相の見方」を検索すれば、生命線や運命線、感情線などさまざまな線とその意味がわかります。

自分の手相を見て、どんなことを感じましたか？「生命線、もう切れてる！」「金運がいいけど、お金ない」「結婚線があるが二股、別れもあってまだ縁がない……」。

信じるも信じないも自由。ツッコミを入れたり、納得したり、喜んだり、腹を立てたり。喜怒哀楽を素直に表してみると、「本当は自分はこうなりたかったのかな」など、気づくことがあるかもしれません。

気づいたことがあれば、それは大きな収穫です。家族や友だちと一緒に手相を見るのもおすすめ。盛り上がること間違いなしです。

6/5

ためす

ハムストリングスを伸ばして下半身の筋肉をほぐす

ハムストリングスは太ももの裏側にある3つの筋肉の総称。ハムストリングスが硬くなると、座ったときに骨盤を立てることができなくなり、よい姿勢を保てないため、腰痛、お尻やひざの傷みを起こしやすくなると言われています。

背中を丸めて座りっぱなしでは、ハムストリングスは硬くなる一方。歩くときはしっかり足を上げる。家にいるときもこまめにハムストリングスをストレッチするのがおすすめです。

ハムストリングスストレッチ

1 椅子に浅く腰かけ、右ひざをできるだけ伸ばし、かかとを床につけてつま先を持ち上げる。

2 上半身をゆっくり前に倒し、太ももの裏側が伸びて気持ちがいいところで20秒止める。

3 ひざを元の位置に戻し、左ひざも同様に行う。これを2～3セット行う。

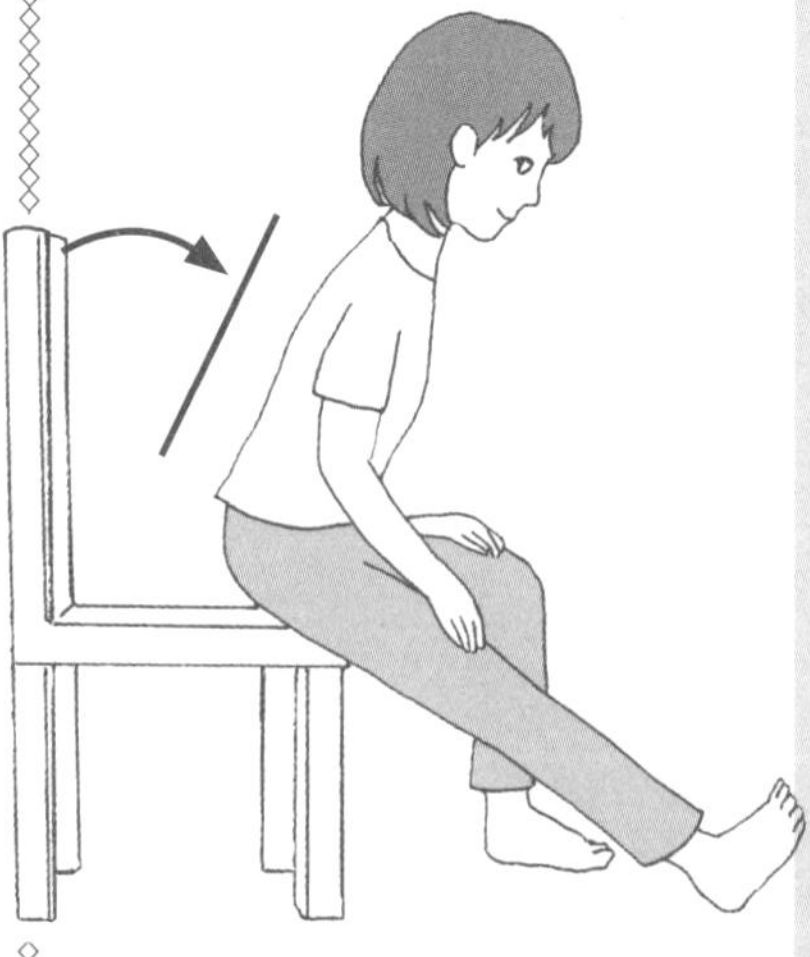

6/6 ためす

初夏の台所仕事 山椒の実を仕込む

山椒の実を手に入れたら、ぜひ保存食に。

小さな実を枝から外すのは、一見すると単純作業のようですが、どうやったら効率よく外せるかと、考えて工夫をすることが大切です。

無事にやり遂げたら、疲れとともに清々しい達成感もあるはずです。さらにアク抜きをして味つけを。使い道を想像して、どんな味つけにするか、調味料は何を使うかを考えるのも脳にとってはいい刺激です。

6/7 感じる

季語で夏を感じる「麦秋《ばくしゅう》」

小麦が収穫期を迎える初夏を「麦秋」と言います。実りの秋になぞらえて、麦の秋。なんと素敵な言葉だと思いませんか。

麦の穂が実るころに降る迷惑な雨は「麦食らい」「麦雨《ばくう》」。新緑の季節、黄金色に色づいた麦がさわさわと風に揺れる様子を表した「麦嵐《むぎあらし》」「麦の波」という言葉もあります。

もし、まだ黄金色の麦畑を見たことがないなら、麦畑を訪れて「麦嵐」を体感するのもいいかもしれません。

6/8

学ぶ

知っておきたい自律神経のこと

自律神経はブレーキが大切

自律神経は、呼吸や体温、血圧、心拍、消化、代謝、排泄など、生命活動維持のために、休むことなく働き続けています。

自律神経は交感神経と副交感神経のセットで働き、「交感神経はアクセル、副交感神経はブレーキ」にたとえられます。交感神経が優勢な状態は、アクセル踏みっぱなしのようなもの。適度にブレーキを踏まないと事故を起こしてしまいます。

つまり、交感神経と副交感神経はバランスが大事。どちらか一方が強すぎたり、弱すぎたりすると、走れなくなったり暴走したりするわけです。

年を重ねると、自律神経も老化します。ほてりや発汗、動悸などのほか、夜眠れない、朝起きられない、イライラする、やる気が出ない、食欲がないという状態が増えてきたら、自律神経の衰えが考えられます。

加齢による自律神経の機能低下は避けられません。しかし、何歳になっても自律神経のバランスを整えることは可能です。

特に意識したいのは、副交感神経を働かせること。そのために有効なのは「話す」「笑う」「歩く」。この本にたくさん盛り込んでいる内容です。この3つを実践することで、心身のブレーキが働き、自律神経の乱れを防ぐことができます。

6月

6/9

感じる

前向きになれる オードリー・ヘップバーンの言葉

この世で一番すてきなことは
笑うことだって
本気で思います。

オードリー・ヘップバーンが最も大切にしていたのが「笑顔」。好んでラブコメディーに出演し、素敵な笑顔を見せてくれました。

笑いが大好きだった彼女は、笑いの素晴らしさについてたくさんの言葉を残しています。

「笑えば、たいがいのことは忘れられる。笑うことは、どんな薬よりも効くの。笑いって人間に一番大切なものじゃないかしら」とも。

女性はシワを嫌う傾向がありますが、笑いジワは素敵なチャームポイントにもなります。

気づいたら、眉間にシワが寄っていることはありませんか？ そんなときは肩の力を抜いて、自分らしい笑顔を！

参考：『オードリー・ヘップバーンの言葉 AUDREY』山口路子著（大和書房）

6月

6/10

考える

時間の流れについて考えてみる

6月10日は時の記念日。時間について考えてみてください。

大人になると、年を重ねるごとに「一年が早いね」という会話が飛び交います。実は、このような時間の感覚の変化は「ジャネーの法則」と呼ばれています。

5歳の子どもにとっての一年はそれまでの人生の20%ですが、50歳の大人にとっての一年は人生の2%。人生における一年の割合が減っていくため、一年が短く感じられるのです。

また、ジャネーの法則以外にも、時間の流れが早く感じられる原因があります。それがマンネリ。毎日同じことの繰り返しではあっという間に時間が消費されてしまうのです。

ところが、不思議なことに「つまらないな」と思って過ごす苦痛の1時間は、2時間にも3時間にも感じられます。

時間は皆平等なのに、同じではないのです。

「あっという間の一年だったけれど、濃い一年だった」と思えるように、これからの人生を過ごしたいものです。

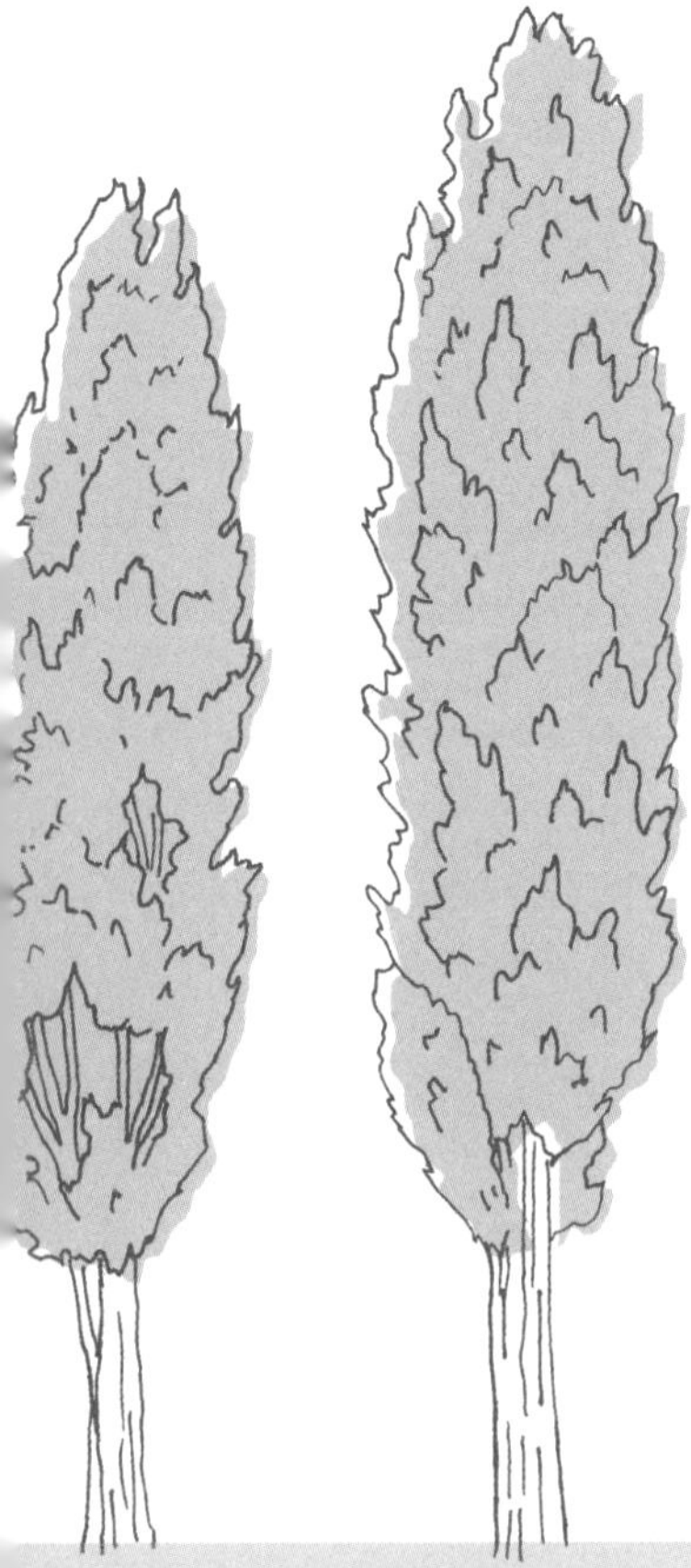

6/11

ためす

雨の日は家事で筋力アップ

雨の日が続くと、どうしても外に出る機会が減り、運動不足になります。

仕方がないと諦めてしまっては筋肉は減る一方。特に65歳以上になると、筋肉減少が急激に進み「サルコペニア」のリスクが高まります。サルコペニアとは「筋肉やせ」の状態。筋肉がやせると、歩いたり立ち上がったりという基本的な動作が難しくなり、転倒しやすくなります。65歳以上の高齢者の15％程度が「筋肉やせ」（サルコペニア）に該当すると考えられています。

梅雨時のサルコペニア対策として、おすすめなのは家事。家事は家の中でできる運動です。なんとなくやるのではなく、筋肉を使う、伸ばす意識を持つことで効果が高まります。体を動かしたら、しっかり食べることも大切。筋肉の材料となるタンパク質を十分に摂りましょう。

サルコペニアによる影響

- 着替えや入浴などの日常生活が困難になる
- 転倒や骨折のリスクが高まる
- 糖尿病になりやすい
- 肺炎などの感染症にかかりやすい
- 死亡率が上がる

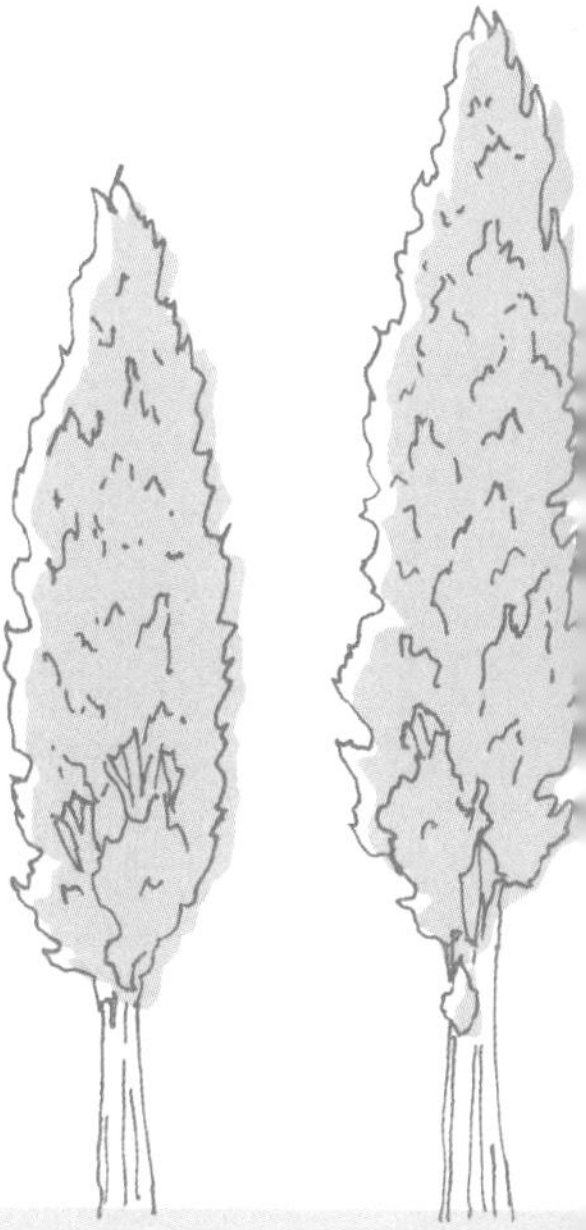

6/12

ためす

アートブックで視覚からワクワクを!

梅雨の合間の晴れの日や雨が小降りの日には、図書館まで散歩して、本を借りてきましょう。

5月8日の頁でもためしましたが、普段行かないコーナーに行ってみてください。文字ベースで楽しむ本は脳の活性化に効果的ですが、視覚で楽しむアートブックや写真集もおすすめです。

テーマが面白いアートブックもたくさんあるので、ぜひチェックしてみてください。驚くような発想に出会うことも、脳のワクワクにつながります。

6/13

感じる

6月の和風月名は? 暦の言葉で感性磨き

6月の和風月名は「水無月《みなづき》」。梅雨なのに水無し月というのはなぜ?と気になったら、脳のスイッチオンです。由来を調べてみましょう。

諸説ありますが、田んぼに水が満ちる月ということから「水な月」という意味もあります。

他にも、雷が多いことから「鳴神月《なるかみづき》」や夕暮れどきが涼しいことから「涼暮月《すずくれづき》」などという異名もあります。鬱陶《うっとう》しい梅雨につけられた素敵な月名。あなたなら、どんな名をつけますか?

6/14

ためす

普段会えない人に電話してみる

普段会えない人に電話をしてみましょう。学生時代の友人や離れて暮らす家族でも構いません。言葉を交わすことで、お互いに脳が活性化します。

積もり積もった話をしたり、思い出話をしたりすることで、脳は情報処理のためにさまざまな領域を使うからです。

久しぶりの会話で理屈抜きに楽しい！ハッピー！と感じたなら、それは「主観的幸福感」。脳や心身によい影響を与えてくれます。

主観的幸福感によって中枢機能を担う海馬が活性化し、神経細胞が新たに生まれる「神経新生」が促されるという研究結果も多く報告されています。

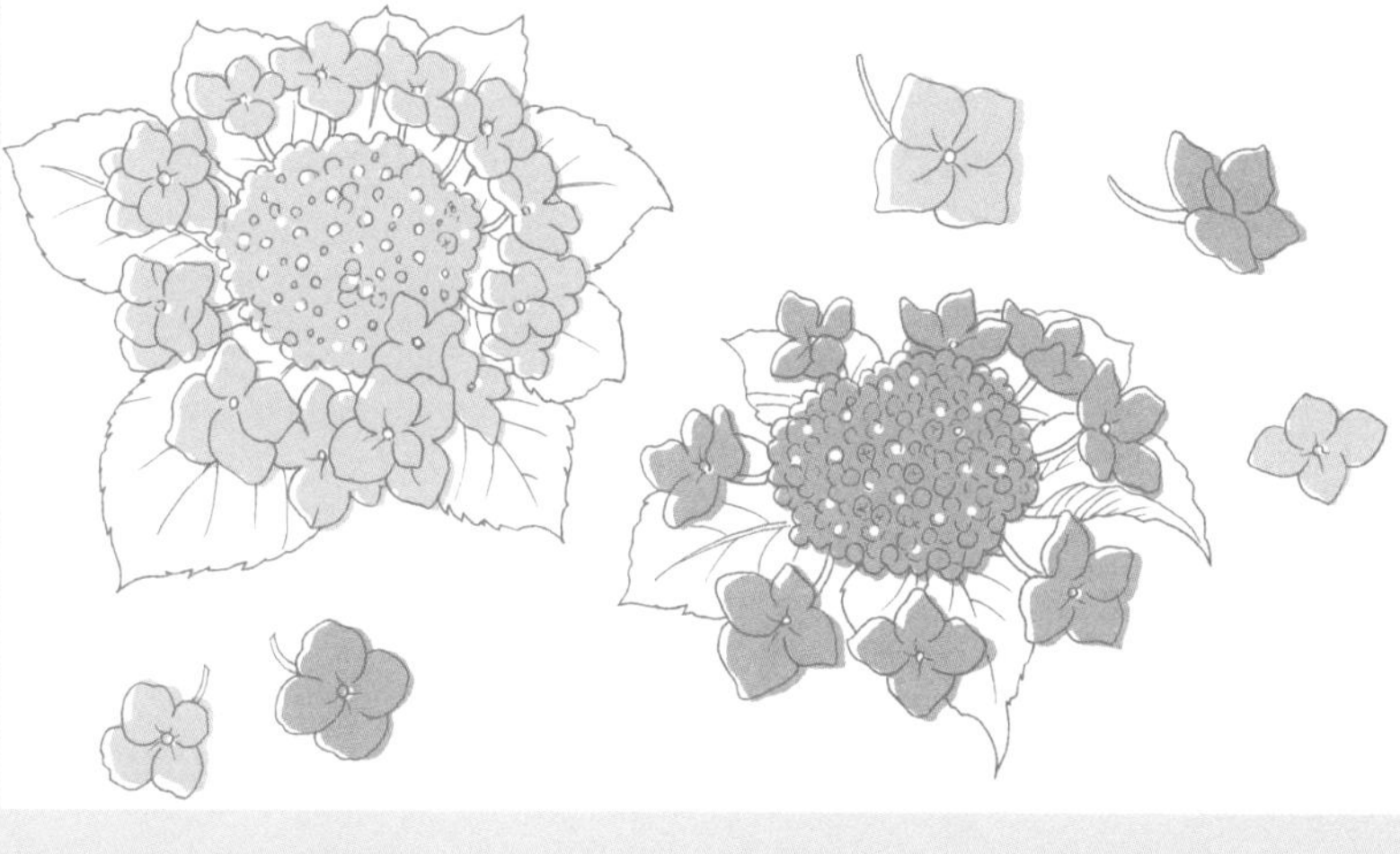

6月

6/15

ためす

お気に入りの力を発揮させてみる

雨が小降りになったから買い物や散歩に出かけようと思っても、なんだか腰が重い……。

そんなときは、お気に入りを身につけましょう。梅雨入り前に購入したカラフルなレインアイテム、おめかしワンピース。「ちょっと近所まで出かけるのにオシャレするのは恥ずかしい」なんて思わず、自分の気分を最優先しましょう。

家の中で過ごすときも同じです。気づいたことをメモする手帳も、お掃除アイテムも、気に入ったものがあれば、やる気が出るというもの。お気に入りの力は絶大です。

6/16

ためす

死ぬまでにやりたいことを書き出してみる

死ぬまでにやりたいことを、具体的に書き出すだけで、ワクワクしてきます。これは、脳内でセロトニンや男性ホルモンなどの分泌が増えるからだと考えられます。

目標を設定したら、期限を区切ることも大切です。「いつか」ではなく、「来年までに」などと具体的に期限を区切ることでモチベーションが高まります。スケジュールに合わせて実現する方法を考えることは、格好の前頭葉トレーニングです。

6/17

学ぶ

知っておきたい感情のこと

喜怒哀楽の「怒」に注意

年をとり、怒りっぽくなったと感じることはありませんか？　感情のコントロールは、年齢にかかわらず簡単なことではありません。

しかし、年をとってカッとしやすくなったなら、それは前頭葉の老化が原因かもしれません。

前頭葉には、感情コントロールの役割があります。脳内の大脳辺縁系という部位から突きあげられてくるさまざまな感情を、理性でコントロールするのです。

前頭葉の機能が低下すると、まず感情の老化が表れます。若い世代ほどよく笑い、よく泣きますが、中年を過ぎるころから豊かな感情表現が少なくなり、ムッツリ顔になりがちです。そして感情の老化は感情コントロールも難しくします。

あらゆる感情の中で一番強くてコントロールが難しいのは怒りです。怒りは爆発するとなかなか収まりません。

でも、大丈夫です。自分の楽しみな時間が一日の中に散らばっていれば、感情の発散が十分に行われ、不満や不機嫌を溜め込むことはありません。

家にこもって怒りを溜め込むなんて不幸なことです。楽しみを見つけて外に出て、人と話をする。そんな日々こそが大切なのです。

6/18

ためす

人気のアニメを観てみる

アニメの世界は奇想天外な発想にあふれています。たとえば子どもたちが熱狂した『鬼滅の刃』は、大人が観ても十分楽しめます。

登場人物のセリフに励まされることもあれば、斬新なアイデアに刺激を受けることもあるでしょう。

ワクワクドキドキするものは、年齢に関係なく魅力的です。子どもが観るものだと決めつけずに楽しみましょう。もちろん推し活もありです！

6/19

ためす

鮎を食べる鮎を感じる

6月になると鮎漁が解禁となり、天然ものの鮎が出回ります。塩焼きはもちろん稚鮎の天ぷらも最高に美味。

でも、鮎については知らないことだらけではないでしょうか。たとえば、香り。鮎は別名「香魚」、キュウリのような香りがすると言われています。英語では鮎は「sweet fish」。鮎の身の甘さや独特の香りを「sweet」と表現しているのです。

香りひとつでも、新発見があるものです。

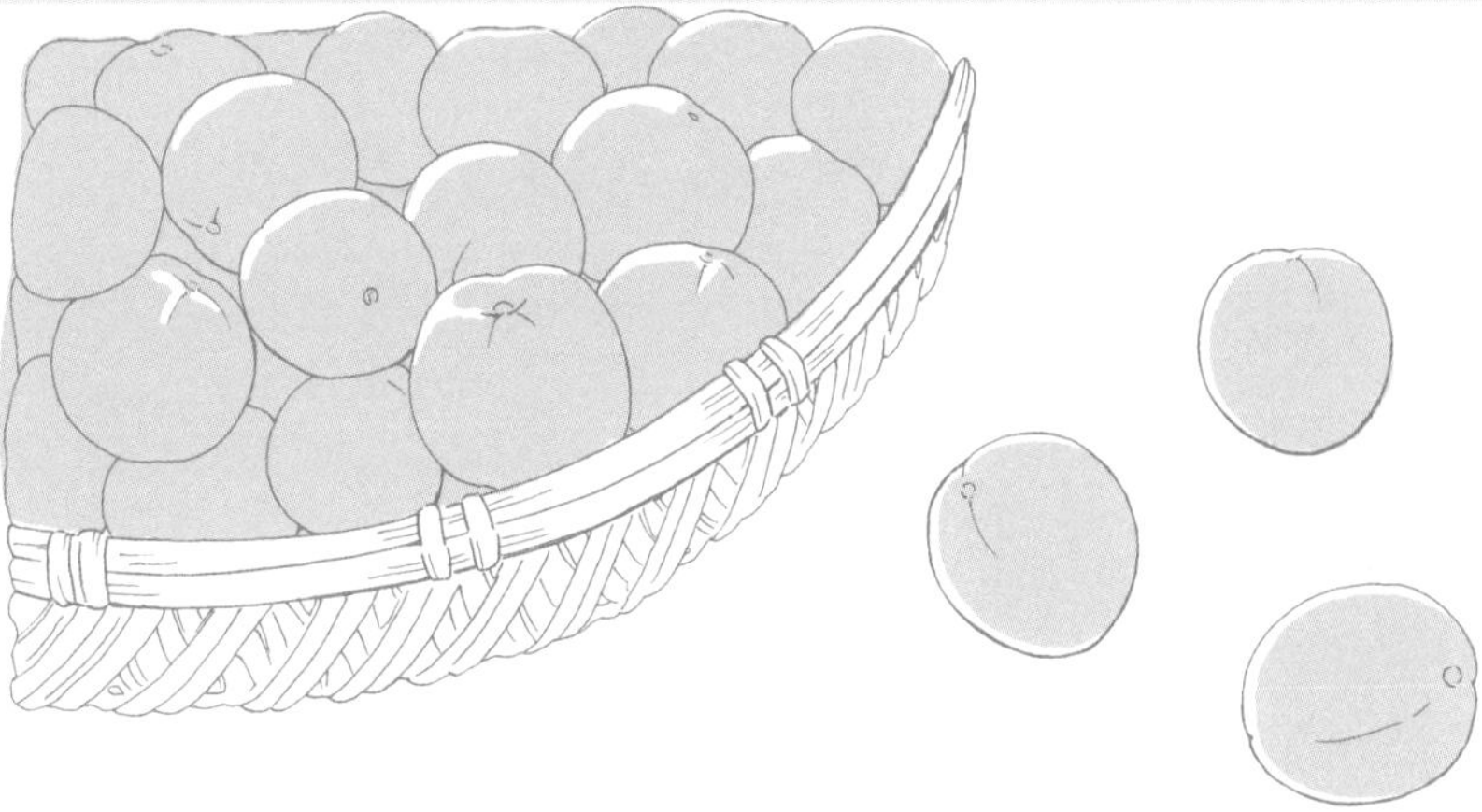

6/20

ためす

初夏の台所仕事　梅を仕込む

毎年、梅シロップや梅酒を漬けるという人も多いのではないでしょうか。毎年同じ味という安心感もいいですが、ちょっとチャレンジして、いつもと違う味を目指してみてください。

　好みの味になるか心配かもしれませんが、完成した後でも味のアレンジは可能。少量だけチャレンジするのもありです。「いつもと違う」というだけで考える内容が変わり、前頭葉は活性化します。

「どんな味にする？サングリアのイメージでクローブやシナモンを加えてみたり、ローズマリーなどのハーブで爽やかさをプラスしたりするのもよさそう。どのタイミングで加えると正解？」など、過去の経験、記憶、想像を引っ張り出して脳はフル稼働するでしょう。

　手間と時間をかけて作る保存食は、植物を育てることと少し似ています。大事に育てることで、抗ストレス作用のある愛情ホルモン、オキシトシンの分泌も増えるかもしれません。

6/21

感じる

季語で夏を感じる「短夜《みじかよ》」

例年、6月21日前後は夏至。二十四節気のひとつで、一年の中でもっとも昼間が長い日です。梅雨の真っ只中ですが、時折見せる太陽の光は力強く、日に日に暑さは増していきます。

「短夜」の読み方は「みじかよ」。この季節を表す季語です。一年でもっとも昼間が長いということは、一年でもっとも夜が短い日。一年でもっとも夜が長い冬至に比べると、約5時間も夜が短いのです。

短夜を使ったこんな俳句があります。

短夜のあけゆく水の匂かな
久保田万太郎

水の匂いに朝を感じて夜空を見上げると、東の空がほんのりと色づいている。そんな光景を詠んだ句です。

梅雨時に迎える夏至のころ、短い夜、夜明け前のまだ暗い空、朝の訪れを予感させるかすかな光、雨水の匂い……。

短い言葉からあらゆる感覚が伝わってきます。日常の何気ない光景も、感じ方や表現によって新鮮なものになる。脳を刺激するのに、特別なことはそれほど必要ないのです。

6/22

ためす

外国語を学んでみる

理由はどうあれ、外国語を学ぶことはとても刺激的なことです。そもそも勉強は自分自身を強くし、人生の選択肢を増やすものです。それは、何歳になっても変わりません。勉強は、人生を豊かにしてくれる「最高の道具」なのです。

「でも、もういい年だし」「自分は三日坊主だから……」と、諦めないでください。年を重ねても、早々に挫折することなく勉強をするコツはあります。

❶楽しむこと

年をとってからの勉強は修業ではなく楽しみです。

❷ゆるい計画を立てる

楽しく続けるために、「これならできる」というゆるい計画を立てましょう。

❸目標は小刻みに

達成感は継続する力になります。たくさんの小さな目標を掲げて達成感を重ねましょう。

たとえば、英語を学ぶなら、英検受験よりも「海外旅行で役立つ会話力」を目標にするのがいいでしょう。

6/23

学ぶ

『論語』に学ぶ、行動することの大切さ

之れを知る者は、
之れを好む者に如かず。
之れを好む者は、
之れを楽しむ者に如かず。

これは、『論語』の一説で、孔子が弟子に向けて語りかけた言葉です。その意味は、「ある物事を理解している人には知識があるが、好きな人には敵わない。ある物事を好きな人は、楽しんでいる人には敵わない」。

人生を振り返ると、誰もがイヤイヤ宿題やテスト勉強をした経験があるのではないでしょうか。

孔子は学びを「知る」「好む」「楽しむ」の三段階で表現しています。

義務的に得た知識は単なる知識です。でも、好きだと思えれば、前向きに取り組むことができます。前向きな気持ちで身につけた知識が増えていくと、使い方がわかるようになり、楽しくなり、もっと学びたいという意欲が湧き、積極的に行動するようになるでしょう。

前頁のテーマ「外国語を学んでみる」に当てはめてみるなら、外国語を読んだり話したりすることで心が躍り、もっと知りたい、読みたい、話したい！と行動できるようになることが、楽しむという状態でしょう。つまり、脳が活性化しているということです。

6/24

ためす

感動が減ったら さらなる感動を求める

年をとると、ちょっとやそっとのことで感動しなくなり、脳は刺激を求めるようになります。それはごく自然なこと。

だって60歳にもなれば、たくさんの知識と経験を積み重ねてきているのですから、「知ってる」「経験済み」だらけ。新鮮な感動に出会うことが減るのは当然です。

それはつまり、目が肥えた、舌が肥えた、ということ。東京タワーに感動しなくなったなら、エジプトに行ってピラミッドを見る。回転寿司に飽きたらカウンターの寿司店でいいお寿司を少し食べる。体験でしか得られない感動はまだまだたくさんあるはずです。

時には感動や刺激のためにお金を使うのもいいものです。行ってよかった！食べてよかった！と思えたら大正解。きっとスッキリとした気持ちになるでしょう。イマイチだったなと思うのも経験のひとつ。次はこれ、次はあれと切り替えて前に進みましょう。

6/25

ためす

忘れたら人に聞いて助けられてみる

物忘れが増えるのは、ある程度仕方のないことです。だからといって「認知症が始まったかも、出かけるのはやめよう」と思わないでください。

わからなくなったり、忘れたりしたら、遠慮せず人に聞きましょう。

思ったより世間は年配者に優しいものです。道がわからなくなったら若い人に聞いてみましょう。すぐにスマホで調べて教えてくれる人がたくさんいます。「ありがとう。ボケちゃってダメね」と、相手に感謝しましょう。そうすれば、相手は気持ちよく受け止めてくれるでしょう。

こうして声をかけ合って助け合う社会はいいものです。プライドを捨てられず、つんけんしているより、甘えて助けてもらったほうが断然いい。

人と接したり会話を交わしたりすることで、間違いなく脳は活性化します。助けてもらって嬉しいという感情が湧くのも脳が活性化した証。とても素晴らしいことです。

6/26

学ぶ

知っておきたい体型のこと

年をとったら小太りでいい

体型を気にしてダイエットをするのは避けたほうがいいと断言します（重い糖尿病や病気による食事制限がある場合を除く）。

シニアのダイエットによる弊害は主に4つあります。

❶筋肉減少

ダイエットによる筋肉減少は運動機能の低下につながり、ケガのリスクも高まる。

❷免疫力の低下

筋肉は熱エネルギーを多く生み出す場所。筋肉が減ると代謝が低下し、冷え、免疫力の低下が起こりやすくなる。

❸自律神経の乱れ

ダイエットによるストレスで自律神経が乱れ、イライラ、不眠、やる気低下など、さまざまな不調の原因になる。

❹前頭葉の萎縮

食べたい気持ちを無理に抑え込んで我慢を続けると、前頭葉の萎縮が加速する。

こんなにも弊害があるのです。

実際、やせている人より小太りの人のほうが長生きするというデータもありますし、たくさん食べても太らない人もいます。つまり、体型は人それぞれなのです。

人目を気にしすぎる必要はありません。自分の心と体に正直でいれば、無理なダイエットは避けられるはずです。

6月

6/27

ためす

生きものを飼ってみる

年を重ねてもペットを飼っている人と元気で精神的に安定している人が多いようです。生きものに話しかけたり、様子を気にかけたり、触れ合うことで癒やされたり、孤独感が薄れて心が満たされたりするのでしょう。

犬なら散歩に行く必要があるので、外に出る機会が増え、さらに飼い主同士のコミュニケーションもとてもいいことです。もちろん、メダカや金魚、スズムシなどでもOK。愛情たっぷりに育ててみましょう。

6/28

感じる

季語で夏を感じる「酢作る」

夏は酢を仕込む季節です。日本に酢が伝わったのは、4世紀末ごろ。中国から現在の和歌山県に伝えられたと言われています。古くは、酢の材料は麦や梅だったようです。

初夏は麦や梅が実る季節。まさに「酢作る」季節だったのです。

現代では温室育ちの野菜や果物が増え、季節感が薄らいでいると言われますが、季節の言葉は色あせません。言葉を紐解くことは、続けたいものです。

6/29

ためす

夏越《なご》しの祓《はらえ》で半年の穢れを祓う

6月が終わると、一年の半分が終わったことになります。半年間の穢れを祓う行事として知られているのが「夏越しの祓」です。

人形《ひとがた》に穢れを移し、それを神社に納め、神社に設置された茅《ち》の輪をくぐってお祓いをするという行事です。

近所の神社でも、行ってみたかった神社でもいいので、茅の輪くぐりをしてきましょう。きっと脳がリフレッシュし、清々しい気分になれるでしょう。

6/30

考える

地球環境のことを考えてみる

国連は6月5日を「世界環境デー」と定め、日本でも6月は「環境月間」として、環境についての発信、取り組みをすすめています。

身近なところで地域の環境活動に参加してみるのもいいことです。きっとコミュニケーションが生まれ、新たな発見やつながりもできるでしょう。

でも、環境は自分の身の周りに限ったことではありません。もっと視野を広くして考えてみてください。

46億年前、地球が誕生したころまで辿ったり、生命誕生から生きものたちの進化を調べたり、地球の裏側にまで意識を及ぼしてみてください。きっとさらに新しくて面白い気づきがあるはずです。

「環境」というテーマひとつでも、チャレンジすることは多岐にわたります。誰かが言ったとおりにする必要はありません。自分が面白いと思うことを見つけられれば、それこそが脳にとっては刺激的なことです。

7/1

ためす

朝顔を育てて心身を健やかにする

小学生のころ、学校の授業で朝顔を育てたことがあるでしょう。夏休みになると、自分の鉢を持ち帰り、夏休みが終わるころには種を収穫したという人も多いのではないでしょうか。

実は、高齢者施設では1人1鉢の植物栽培を実施し、たくさんの心身の健康効果が得られています。コツは3点。

❶なじみがあり、花が咲くなど変化のある植物がよい

❷1人1鉢を育てることで、植物に対する愛着が湧く

❸栽培仲間がいることで、コミュニケーション効果が高まる

つまり、多くの人が栽培経験のある朝顔はぴったり。小学生時代のように、家族や友だちと一緒に栽培を楽しみましょう。

記憶が呼び起こされ、懐かしいという感覚が精神的な癒やしにもなるでしょう。

朝顔の花は早朝に咲きます。早起きして、太陽の光を浴びながら花を眺めれば、セロトニンの分泌もアップし、生活リズムも自然とよくなるでしょう。

7/2

ためす

食べたことのないレトルト食品をためす

ジワジワと暑さが増すと料理をするのもおっくうになりがちです。そんなときは頑張りすぎなくてOK。マンネリ料理のオンパレードで刺激を失うくらいなら、初めて食べるレトルト食品のほうが断然いいのです。

今はコンビニやスーパーで優秀なレトルト食品が手に入りますから、ぜひ活用しましょう。

中華やエスニック料理、変わり種のカレーまであるのですから、どれを食べようかとワクワクしながら選びましょう。

7/3

ためす

新しい手拭いを買ってみる

買い物でストレス発散というのは、脳の仕組みから見ても正常なこと。買い物をすることで、ドーパミンという快楽物質が分泌され、満足感や快楽を得られるのです。

そこでおすすめしたいのが、小さな買い物でプチストレス発散。気に入った柄の手拭いを買うのはどうでしょう？　手拭いの柄はとても多彩。心躍らせながら選ぶ瞬間から、きっとドーパミンがあふれ出し、使うときは家事も楽しくなるでしょう。

7/4

ためす

ドクダミの花を生けてみる

都会でも道端に生えているのをよく見かけるのがドクダミです。日陰を好み、臭いと言われがちです。魚のような生臭い匂いがするとも言われ、「魚腥草《ぎょせいそう》」と呼ばれることもあります。英語の俗名に「fish mint」または「fish herb」などがあり、やはり「魚の匂い」が強いようです。子どものころは「臭い！」と言って嫌っていたのもうなづけます。

しかし、大人になってよく見ると、ドクダミの葉はハート形でつぼみは雫のよう。初夏に咲く白い花は素朴でかわいい。ヨーロッパでは、十字の白いガクを十字架に見立てて教会に植えることも多いそうです。その話を知るとさらに可憐で神聖な植物に見えてきます。

思い込みやイメージとは、そんなもの。脳は錯覚するものなのです。

道端のドクダミを摘み、生けてみましょう。好きだと思って扱えば、臭いと思っていた匂いも、スッキリとした香りだと感じられるかもしれません。

7/5

ためす

評判のいいTシャツをためしてみる

Tシャツは気楽にオシャレを楽しめるアイテムです。でも、気楽さゆえ適当になりがちなアイテムでもあります。たかがTシャツと思わず、自分にとって快適なものを探してみましょう。

効率よく探すためには、情報収集が大切。スタイリストやモデルの愛用品を真似したり、口コミのよいものをためすのもあり。ためした結果、似合うものや快適なものに出会えたらオールOK。出会えなければ、引き続き、ためせばいいのです。

7/6

ためす

悪口が出そうになったらポジティブに変換！

悪口は取り扱い注意です。悪口を言うと、快楽物質のドーパミンが放出されて楽しい気分になります。ところが、悪口だらけに陥るとストレスホルモンであるコルチゾールの分泌も増え、最悪の場合、脳が傷つき、寿命が縮まることもあるのです。

悪口を言いそうになったら、脳内で言葉を変換しましょう。たとえば「とろい→慎重」「根暗→静か」という感じに変換すれば、言葉を司る前頭葉の活性化にもつながるでしょう。

7/7

ためす

七夕の短冊に願い事を10個書く

七夕の日、願い事を10個、短冊に書き出してみましょう。

実は、願い事を書こうと思っても書けない人がいます。年を重ね、世の中のことはもう知り尽くした、もうこれで十分と思う人は、脳が凝り固まり、願い事が出てこないのです。

でも、本当はそんなことはありません。世界は日々違うし、季節は一日一日変わっています。もっと新しいものを見たい、もっと新しいものを聴きたい、もっと新しいことを知りたい、もっと新しいことをしてみたい。感受性を豊かに保ち、欲張りになって実行することで、脳の凝りが取れていきます。

他の人にとってはしょうもないことでもいいんです。「初恋の人に会いたい」「一度は刺繍を完成させたい」「おまわりさんごっこをして、憧れていた刑事役をやりたい」何でもいいのです。60歳を超えて初逮捕！　想像して楽しくてワクワクしてきたら、それがスタート。願いが枯れることはないでしょう。

7/8

ためす

胸、腕の筋肉を鍛えて姿勢よく

ストレッチや筋トレを行う場合は、同じ部位ばかりではなく色々な筋肉を使うことを意識しましょう。足ばかり、お尻ばかりにならないよう、腕の筋肉も鍛えてください。

ひざをついた状態で行う腕立て伏せは、腰痛があっても行いやすいでしょう。肩関節の動きを改善したり、肩凝り解消につながったりします。背すじは姿勢が悪い人は特に衰えがちです。腹筋とともに鍛えることで腰痛の予防にも効果的です。

ひざつき腕立て伏せ

1. ひざを床につき、手は肩幅より少し開いて四つん這いになる。
2. 息を吐きながら、アゴが床につくくらいまで2秒ほどかけてゆっくりとひじを曲げる。
3. 肩甲骨が動くのを感じながら、2秒ほどかけてもとの体勢に戻す。これを10～15回、少しキツイと感じるまで行う。

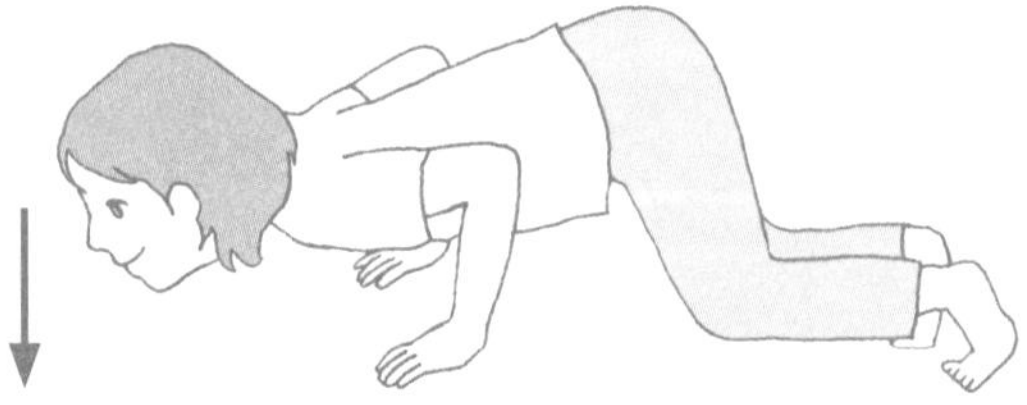

7月

7/9

学ぶ

知っておきたいストレスのこと

ストレスの多くは脳の錯覚

ストレスの度合いが高いと、心と体の健康に害と悪影響を及ぼし、将来、うつなどの心の病になる恐れがある、これは正真正銘の事実です。

だからこそ「自分は大丈夫だろう」とたかをくくらず、自分の心身の状態や変化を細やかに感じとり、早めに対処することが大切です。

では、どうすればストレスを減らせるのでしょう?

ストレスはとても個人差があります。同じ状況でもストレスを溜めない人と、溜め込む人がいます。つまり、ストレスを溜めない人になればいいのです。

実は、ストレスは脳の情報処理ミスで起こります。ストレスの9割は脳の錯覚なのです。

たとえば、物事を白か黒か、100点か0点かというような見方をしていると、本当は気にするほどでもない薄いグレーなのに、真っ黒に見える。真っ黒はダメだ!とストレスを抱えるという具合です。

健康のためにラーメンは絶対ダメ!ではなく、たまには食べてもいい。食べたら運動すればいい。そのように考えれば、自然とストレスは減るでしょう。

自分の思考の傾向を振り返ってみて、白黒思考が思い当たる人は、意識してチェンジしていきましょう。

7月

7/10

ためす

作ったことのないカレーを作ってみる

カレーを食べるとスパイスの効果で汗をかきます。これは自律神経が働いて、汗腺が機能している証。心身の機能をサビつかせないためにもいいことです。

というわけで、カレーを作りましょう。まだ食べたことのないカレーを作るのです。世界中のカレーを調べて、スパイスを用意したり、自己流にアレンジしたり。情報処理、認知機能、運動機能、嗅覚などの感覚をフル動員しての作業は、脳にとって格好のトレーニングです。

7/11

感じる

7月の和風月名は？暦の言葉で感性磨き

古くは、書物のことを「文」と言い、「書をひろげてさらす月」という意味から7月を「文披月《ふみひろげづき》」と呼んだり、稲穂が膨らむ季節であることから「穂含月《ほふみづき》」などと呼ばれ、転じて「文月」になったとも言われています。

さらに異名として、秋が始まるという意味の「秋初月《あきはづき》」、織姫と彦星の伝説から「愛逢月《めであいづき》」、女郎花《おみなえし》が咲くころという意味で「女郎花月」などがあります。旧暦の7月は現在の8月ごろ。昔の人は暑い盛りでも、すでに秋の気配を感じていたようです。

7/12

ためす

めいっぱい夏を感じる魚介の一皿を

夏が旬の魚というと何が思い浮かびますか?

「あれ、何だっけ?」となったなら、家族や友だちに聞いてみましょう。食べ物は、老若男女問わず誰もが参加できる平和な話題です。

　話が盛り上がったら、一緒に食べに出かけるのもいいアイデア。夏が旬のイワシは千葉県の銚子、タコは兵庫県の明石、山陰地方では岩牡蠣や穴子も旬を迎えます。

7/13

ためす

桃モッツァレラを作ってみる

桃の新しい食べ方として話題になった桃モッツァレラは、今や自由なアレンジを楽しむ人も増え、SNSでも夏の風物詩となっています。

　未体験の人はぜひチャレンジを。すでにためした人は新たなアレンジを楽しみましょう。

基本の桃モッツァレラ

1. モッツァレラチーズをちぎり、桃をカットし、器に盛る。
2. 塩、刻んだレモンの皮、オリーブオイル、白ワインビネガー各適量をかける。

7/14

感じる

モヤモヤが吹き飛ぶ！ 哲学者・ニーチェの言葉

人間といふ可憐なる禽獣《きんじゅう》は、善く考へるとき何時でも、善き機嫌をなくすやうである。即ち彼は、『真面目に』なるのである！ そして笑や悦ばしさのある処には、思考は何の訳にも立たないのである。かくの如く此真面目な禽獣の先入見は、総ての『悦ばしき智慧』に封して言ふ。いざ、さらば！ 我々をして、それが一の先入見であることを指示せしめよ！

「人間は繊細。だから真面目によく考えると大抵は気分が落ち込む。笑いや喜びの前で、思考は無力だ。真面目な思考によって生まれたものは、ただの先入観だ！無意味だ！ そんなものとは、さらばだ！」。

真面目で繊細なニーチェは何度も挫折し、立ち上がりました。そんなニーチェだからこその言葉です。

考えすぎてもいいことはありません。余計なことは考えず、笑い、楽しみましょう。

参考：『ニイチエ全集 第4編（悦ばしき知識）』（新潮社）

7月

7/15

考える

結婚について考えてみる

60歳を過ぎたら、残りの人生を幸せに生きることを優先しましょう。今後の家族生活を考えるうえで、重要なのが結婚関係です。今、結婚されているなら、その関係を続けるかどうか。指標は2つあります。

❶会話ができているか

一方的ではなく楽しい会話ができていますか?

❷一緒に出かけているか

定年退職後も、一緒に楽しく出かけていますか?

お互いに楽しめる関係が保たれているのであれば、お互いを若々しく保ち、精神的にもよい働きがあるといえるでしょう。

しかし、一方だけが楽しんでいる、一緒にいるのがしんどい……そんな関係なら、解消したほうが幸せかもしれません。

また、独身で結婚相手が欲しいと思うなら、迷わず婚活しましょう。今の時代、熟年同士の結婚は珍しくありません。この先の人生を一緒に過ごしたいと思える相手に出会えたら、それはとても幸せなことですから。

7/16

ためす

直木賞候補だった作品を読んでみる

読書が好きという人も、案外陥りやすいのが「好きな本ばかりを読む」という傾向です。

脳は、ただ情報を入れるだけではほぼスルー。すぐに忘れてしまいます。得意なことばかりでも、脳の特定の場所しか使われず、慣れている内容ならほぼスルー。活性化しないのです。

そこでおすすめしたいのが、あえて、直木賞を受賞しなかった本を読んでみることです。

宣伝文句や誰かの書評が溢れる受賞作品と違って、候補作品から脳が受け取る情報はフレッシュです。先入観なしで素直に読むことができるでしょう。

そして、何より面白い作品に出会えることも珍しくありません。普段読むことがないタイプの本ならなおさらです。脳のいつもと違う場所が活性化したり、新たな視点を手に入れることがあるかもしれません。

7/17

ためす

「海の日」は、祭りやイベントに出かけてみる

現在は7月の第3月曜日ですが、「海の日」はもともと7月20日でした。それは、１８７６年（明治9年）、明治天皇が東北各地を回った際に、灯台巡視船「明治丸」で、青森から函館を経由して横浜に帰港した日に由来しています。

祝日ということもあり、各地でお祭りやイベントが開催されます。賑わいに参加して、新発見をしましょう。

たとえば、人々や屋台の様子を観察してみてください。若者のファッション、持ち歩いているアイテム、食べているもの。

あらゆるところに、「今、何が流行っているか」のヒントがちりばめられています。「あっ！」と気づいたら、それはきっと「アハ体験」。

結びつきのなかった脳内の神経細胞がつながって脳が活性化し、快楽物質のドーパミンの分泌も活発になります。点と点をつなぐ作業は、まるで推理小説のような楽しさ。脳がワクワクすること間違いなしです。

7/18

ためす

夏の気分で選んでみる 金と銀、ためすなら？

今の気分で、金色と銀色、どちらを選びますか？

金色は注目を集める色。温かさ、陽気さ、ポジティブな気持ちを表現できるのは、『マツケンサンバ』の衣装で証明済みでしょう。幸福感や自信を高める効果もあると言われています。

銀色はクールで洗練された印象。清潔感や精密感を連想させたり、信頼性を高める効果もあります。

心理効果を知ったうえで、夏のファッションに取り入れるなら、どちらにしますか？ 実際に身につけてみて、気分が左右されるかためしてみましょう。

ゴールドでハッピーな気分になれたり、シルバーでクールな立ち居振る舞いになっていたなら、色の影響かもしれません。何の変化も感じなかったら、金にも銀にも影響されない気分だったということかもしれません。気に入ったならまた取り入れてみて、そのときの気分を感じ取ってみましょう。人生は実験の連続ですから。

7/19

ためす

熱中症対策に水シャワーを浴びてみる

日本の夏は、「猛暑」が当たり前になりつつあります。2023年5~9月に熱中症で搬送された人の数は累計9万1467人。そのうち高齢者（満65歳以上）は5万1173人で全体の約55％。驚くことに、発生場所でもっとも多かったのは住居内で全体の約40％にも及びました。

　つまり、夏の室内はとても危険な場所なのです。もちろん、冷房の効果は間違いなくあります。そして、それと同等の効果があるのがシャワーです。

　シャワーを普段どおり浴びている人に比べシャワーの回数を増やした人は、死亡率が68％も下がったというデータもあります。効果があった理由は、シャワーによって体についた水分が蒸発する際に、熱を体から取り除いてくれるからです。これは、暑いときに汗をかくのと同じ仕組みです。

　ただし、冷たすぎると血圧が急上昇するので、水の温度を調整してから浴びてください。

7/20

ためす

一石三鳥！早朝ウォーキングへ

気温が35℃以上となる猛暑日ともなると、日中に出歩くのが危険なこともあります。

しかし、だからといって家に引きこもるのは、心身にとって望ましくありません。体を動かさない日が続くと運動機能が低下し、深刻なリスクにつながります。

そこでおすすめしたいのが早朝ウォーキングです。猛暑日ともなると、朝10時の段階で30℃近くまで気温が上昇することもあるので、6～7時ごろに歩くのがいいでしょう。

太陽の光を浴びることで、幸せホルモンのセロトニンが分泌され、体内時計、自律神経が整い、眠りのリズムも整う。さらに、太陽の光によって体内でビタミンDが合成されると、骨粗しょう症対策にも効果的です。

帰宅後はシャワーを浴びてスッキリ。運動したぶん、朝食でしっかりとタンパク質を補給すれば、筋肉の減少も防げます。

暑さをいなし、快適に過ごす方法を探していきましょう。

7月

7/21

ためす

爽やかな香りで暑さを凌ぐ

暑すぎる日、エアコンを入れて家にこもるしかないか……と肩を落とすのではなく、「チャンス！」と思って知恵を絞りましょう。

過去の経験を辿ってみれば、きっと涼しく感じたものに思い当たるでしょう。

たとえば、アロマ。ミントのスッキリとした香りは、スースーするようで涼しいと感じます。お風呂のお湯に数滴、お掃除モップに少し垂らすだけで、スースー感が広がります。

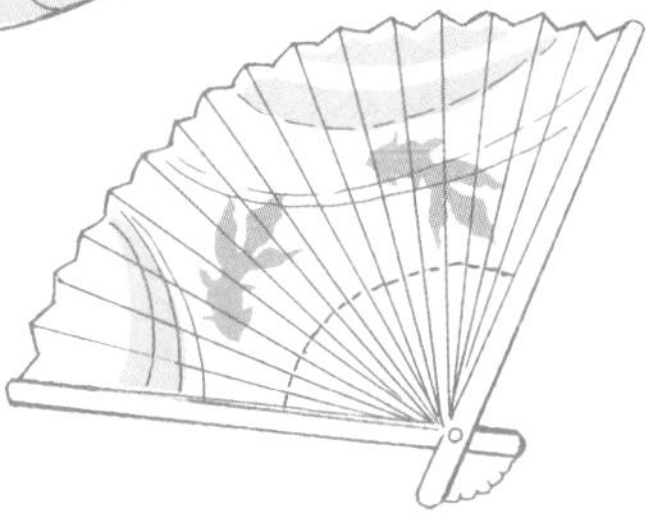

7/22

ためす

水うちわで暑さを凌ぐ

暑さを凌ぐ方法は、まだまだあるはずです。手軽にためしてみたいのが水うちわです。水で空気を冷やす「冷風機」と同じ仕組みで、水に浸したうちわであおげば、涼しい風になるというわけです。

岐阜の美濃和紙を使った水うちわは、透きとおる和紙がとても風流。もちろん、素敵な水うちわを手に入れて優雅に涼むのもいいものですが、家にある古いうちわを活用して自作することも可能です。

7/23

ためす

シエスタで体を整える

昼寝をすると夜眠れなくなるというのは、本当にそうでしょうか？

夏は暑さのせいで体力が消耗し、疲れやすくなります。

昼寝は、そんなときの回復にぴったりです。本来、食事を摂ったら、体は消化吸収モード（副交感神経が優位）に切り替わります。なのにせかせかと動き回っていては、活動モード（交感神経が優位）のままで、消化は後回しに。その結果、栄養効率が悪くなり、さらに疲れが溜まるのです。

食後に昼寝をしてみてください。適した時間は人それぞれですから、今日は20分、明日は30分といった具合でためしてみてください。目覚めたときに頭も体も気分もスッキリしたと感じたら、脳も体も心も回復した証。栄養も十分に行き渡り、活動モードへの切り替えもスムーズなはずです。

こうして午後もしっかり活動できたら、夜は自然と眠くなります。

7/24

ためす

人を集めてバーベキュー大会をする

バーベキューなんて……と思わず、チャレンジしてみませんか。「やったことがない」「好きじゃない」なら、なおさら脳にとっては刺激的。普段使わない場所が活性化するでしょう。

　何より、人を集めてバーベキューをするとなると、考えること、やることがたくさんあります。家族や友だちに声をかければ、「あの人、アウトドア好きだから声をかけてみよう」と、人の輪が広がるかもしれません。

　さらに、場所選び、買い出し、仕込みとタスクが山積み。とても一人では大変ですから、役割分担も必要です。脳はフル稼働で状況を整理し、行動へと導くでしょう。

　こうした準備のおかげで楽しい時間を過ごせたら、やってよかったと思えます。やっぱり苦手だった、でも段取りを考えるのは楽しかった、新しいお肉の味つけをひらめいた！など、少しでも発見があれば、脳は刺激を受けているはず。ためしてよかったということです。

7/25

学ぶ

知っておきたい認知症のこと①

「いい物忘れ」と認知症は違う

年を重ねると物忘れが増え、「認知症ではないか」と不安になる人がとても多いようです。

しかし、物忘れがひどい＝認知症ではありません。物忘れには「いい物忘れ」と、認知症がある程度進んだ人に生じる「悪い物忘れ」があります。

「いい物忘れ」の特徴は「体験の一部」を忘れることです。朝食に何を食べたかを忘れた、でも食べたことは覚えている。ヒントがあれば、すぐに思い出し、物忘れを自覚しています。

「悪い物忘れ」は、朝食を食べたこと自体を忘れた状態。「体験全体」を忘れてしまい、ヒントを与えても思い出すことができません。物忘れの自覚がないケースが多いのも特徴です。

「悪い物忘れ」の症状がある場合は、認知症以外にうつ病や男性ホルモン低下の可能性もあるので、病院で調べることをおすすめします。

いい物忘れ	悪い物忘れ
体験の一部を忘れる	体験自体を忘れる
進行しない	進行が早い
物忘れの自覚がある	物忘れを自覚していない
日常生活に大きな支障はない	日常生活に支障がある
時間や場所は把握している	曜日や場所がわからなくなることがある
忘れた物を自分で探す	物がなくなると盗まれたと思い込む

7月

7/26

学ぶ

知っておきたい認知症のこと②

認知症は幸せな最後のプレゼント

認知症が始まっていると考えられる「悪い物忘れ」の症状があった場合でも、過度に恐れないでください。

認知症は、年をとれば必ずやってくる老化による症状です。どうなるのか、どう対処すればいいのかを知っておくことで、無闇な不安やネガティブな思考を捨て去りましょう。

まずは認知症の段階を見ておきましょう。

❶新しいことが覚えられなくなる、軽い物忘れ。

❷悪い物忘れ

❸場所や時間の感覚が悪くなる、失見当識となる（道に迷う、時間がわからなくなるなど）

❹知能低下（本やテレビの内容を理解できなくなるなど）

悪い物忘れが増えたり、道に迷うようになっても、できることを続けていれば、認知症の進行は遅くなり、知能低下を遅らせることができます。

そして、認知症が進むとニコニコといつも笑顔で穏やかになる人がとても多い。まるで赤ちゃんのように見えることさえあります。きっと、長い人生で重ねてきた衣を脱ぎ、素の人間に戻るのでしょう。認知症は、人生の最後を幸せに過ごせるようにと、神さまがくれたプレゼントです。素直に受け取り、おおいに甘えていいのです。

7/27

ためす

外出したら ついでに寄り道する

暑い中、外出をしたら、せっかくですから、のんびり寄り道をするのもいいものです。

気になるカフェに寄ってみたり、コンビニのイートインスペースで新作アイスを食べてみたり。商業施設には、ベンチやソファが設置されていることが多いので、そこで涼みながら人間観察をしてみたり。あらためて見ると、町のあちこちに休憩場所があることに気づかされます。そんなことにもありがたいと思えたら、今日はいい日！

7/28

ためす

カーテンを見直して 部屋を心地よく

家の中で意外と放置しがちなのが、カーテンではないでしょうか。いつ買ったのだろう？ この前洗ったのはいつだろう？ 思い返してみてください。

カーテンは部屋の印象や心地よさを決める大きな要素です。

猛暑日には、日差しを遮るために日中からカーテンを閉めることもあるでしょう。洗ってみて気持ちよいと感じればよし、あらためて見て、気持ちが落ち着かないと感じたら、変えてみるのもありです。

7/29

ためす

ホラー映画の不快感を味わう

ホラー映画には脳を活性化させる働きがあります。ハラハラドキドキするわけですから、それは当然ですよね。

しかし、それ以上に脳は複雑なとらえ方をしています。

ホラー映画を観て、怖くてうずくまる人もいるかもしれませんが、自覚はなくても密かに快感を覚えているはずです。それは、脳の中では恐怖（不快）と快感が入り交じった状態で活性化しているからです。

脳はとてもあやふやなもので、不快と快感を天秤にかけているわけではありません。「怖い、痛い、不快」に支配されると、逃げる、避けるなどの行動を取れなくなる。だから同時に「快感」を得られるようになっているのです。恐怖のお化け屋敷から脱出したときの快感は、まさにそれかもしれません。

ホラー映画で自分の中にある本能的な快感を探してみると、新たな感覚に気づくかもしれません。なにせ、人間の脳は複雑で面白いですから。

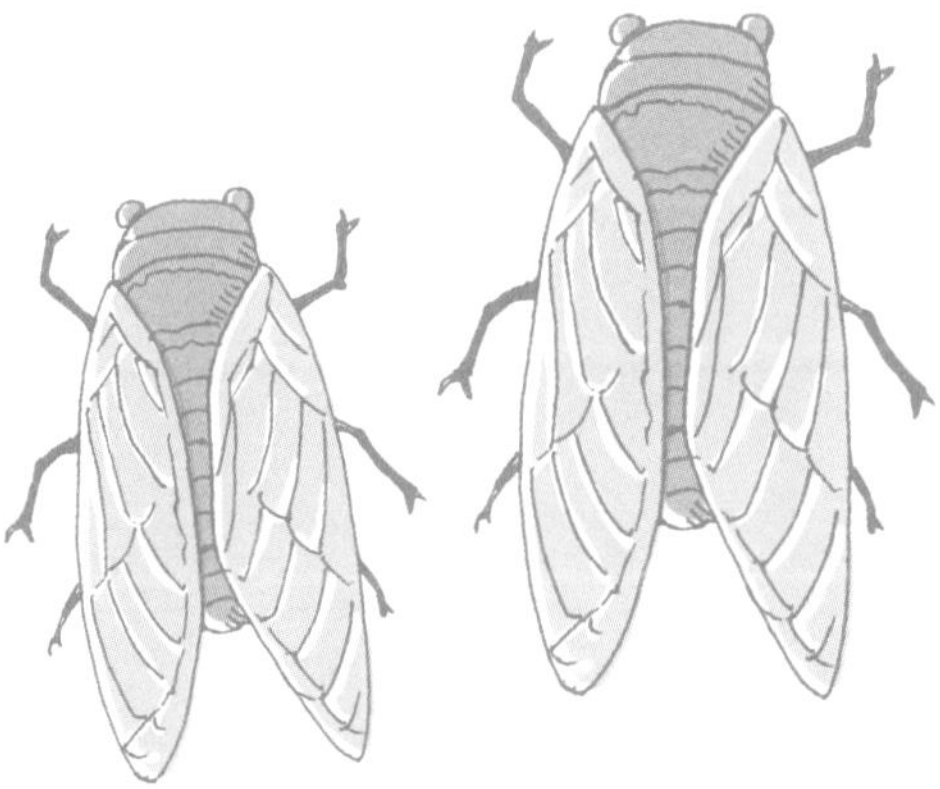

7月

7/30

ためす

睡眠の質はエアコンで上げる

日本気象協会が60代以上の人に行った調査があります。その中で気になったのが「Q熱中症の予防や対策として気がかりなことを教えてください」という質問に、「エアコンによる冷え」「電気代」「水分の摂りすぎによるトイレの近さ」が多くあげられたことです。

もし、就寝中にエアコンを切り、水分を控えているなら、それは命に関わる危険なことです。我慢せず、自分が快適に眠れる温度と室温をキープして眠りましょう。

7/31

ためす

口癖を作ってみる「わはは！」

おかしくなくても「わはは！」と声に出して笑ってみてください。声に出そうとして大きく息を吸い込むと、副交感神経が刺激されて心身がリラックス。おまけに、笑うことでがん細胞やウイルスを退治するNK細胞が活性化して免疫力がアップするという効果まであります。

しんどいときこそ「わはは！」の出番。ついでに、思い出し笑いもしちゃいましょう。そうすれば、今度は脳の海馬も活性化します。

8/1

感じる

前向きになれる オードリー・ヘップバーンの言葉

若く見えるとしたら、
それはきっと、たっぷりの
モイスチャーライザーと
歩くことと、睡眠のおかげ。

これは、友人から「あなたはどうしてそんなに若く見えるの？」と聞かれたときの答えです。

年を重ねたオードリーは、若々しくいるために特別なことはしていなかったようです。でも、「保湿、歩く、睡眠」の3つを実践していたというのは、健康維持において本質的なことです。

面白いことに、彼女の散歩は、のんびりではなく、速足でガンガン歩くスタイルだったそうです。きっとそれが足腰の筋肉を鍛えることにつながっていたのでしょう。

お肌を保湿して、速足で散歩して、12時前には眠ってしまう。そんなオードリーを想像すると、なんだか親近感が湧いてきます。

参考：『オードリー・ヘップバーンの言葉 AUDREY』山口路子著（大和書房）

8/2

ためす

メモ魔になってみる

この本では最初に「人生は壮大な実験」とお伝えしました。実験をするためには、当然ネタが必要です。興味を持ったことや疑問を持ったこと、傷ついたことや憤りを感じたことまで、すべて実験のネタです。ネタを思い出して、考え、行動する。そんな実験のネタは、書き記しておくことが必要だと感じます。

特に、60代、70代ともなると、すぐに忘れてしまいます。いいアイデアを思いついても、「あれ、何だったっけ?」と忘れてしまうのです。ネットの情報もそうです。気になったら「お気に入り」に入れておかないと、あっという間に流れていって見つからなくなる。

だから〝メモ魔〟になるのです。自分を過信せず、あらゆることをメモする。付箋に書いて貼っておく。5年日記や10年日記もいいかもしれません。見返すと、「こんなことに興味を持っていたんだ」と思い出すことができます。それが新たな実験や学びにつながることもあるはずです。

8/3

ためす

ラジオ体操に参加してみる

夏休みになると、近所の学校や公園などでラジオ体操が行われる地域が多いのではないでしょうか。ラジオ体操のスタートは朝6時30分から。散歩がてら出かけて、みんなに交じって体操してみましょう。「おはようございます」と挨拶をすれば、きっと顔なじみや仲間が増え、会話も増えていくでしょう。

そして、朝の太陽の光は体にとって最高のスイッチ。運動することで巡りがよくなり、体温も上昇。脳は目覚め、自律神経は整い、幸せホルモンのセロトニンも分泌され、いいこと尽くめです。

ちなみに、ラジオ体操第1は「誰でも、いつでも、どこでもできる」がテーマ。第2は、第1に比べて運動強度がやや強く「体を鍛え、筋肉を強化する」がテーマです。

周りの人と同じようにできなくてもOK。無理をせず、自分なりに気持ちよく体を動かすことが大切です。

8月

8/4

ためす

夏色のネイルを楽しんでみる

60歳以上の人にこそためしてほしいのがネイルです。

高齢者施設で、体が不自由な女性にネイルをしたところ、とても喜び、気持ちが前向きになったというケースはとても多い。認知科学では、心は内面よりも外面の影響を強く受けると考えられています。見た目がよくなり心が弾むことは心身にとてもよい影響があるのです。

素足の季節は足の爪もネイルをしてみましょう。サンダルで出かけるのが楽しくなります。

8/5

ためす

熱いものを食べて暑さを凌ぐ

暑いからといって冷たいものばかりを食べていたら、当然飽きてきます。何度も言いますがマンネリは脳の敵。そのマンネリを打破しましょう。

暑いから熱いものを食べてみるのです。その結果、汗だくになるでしょう。でも、少ししたら涼しくなり、気分スッキリ。

汗は体温調整に関わる大事な機能です。年をとったからといって、使わないなんてもったいないこと。もちろん、汗をかいたら水分補給もお忘れなく。

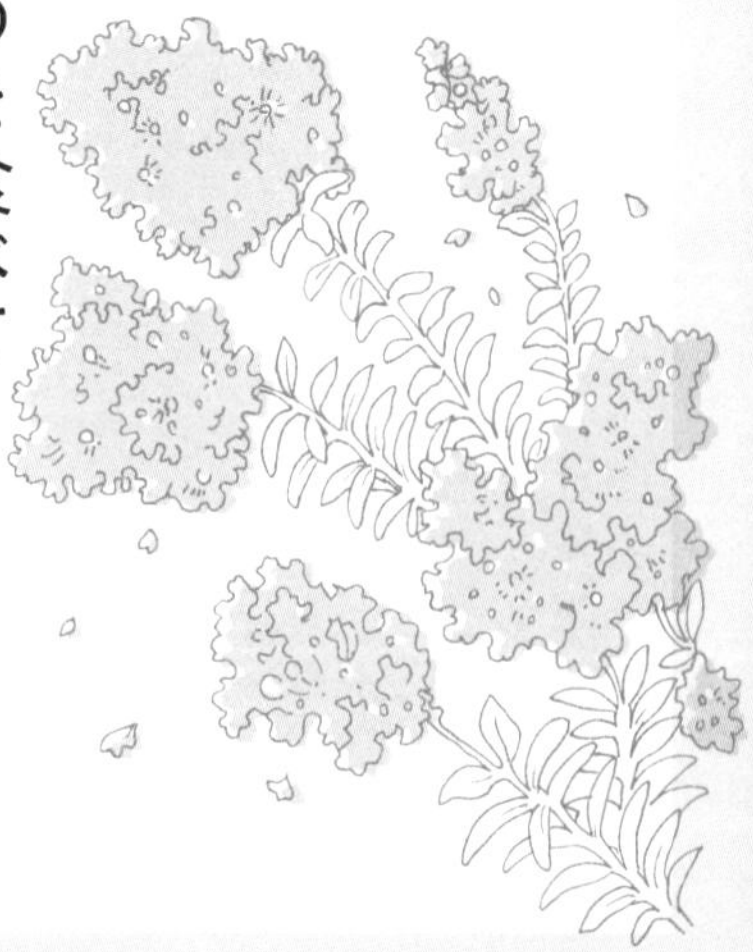

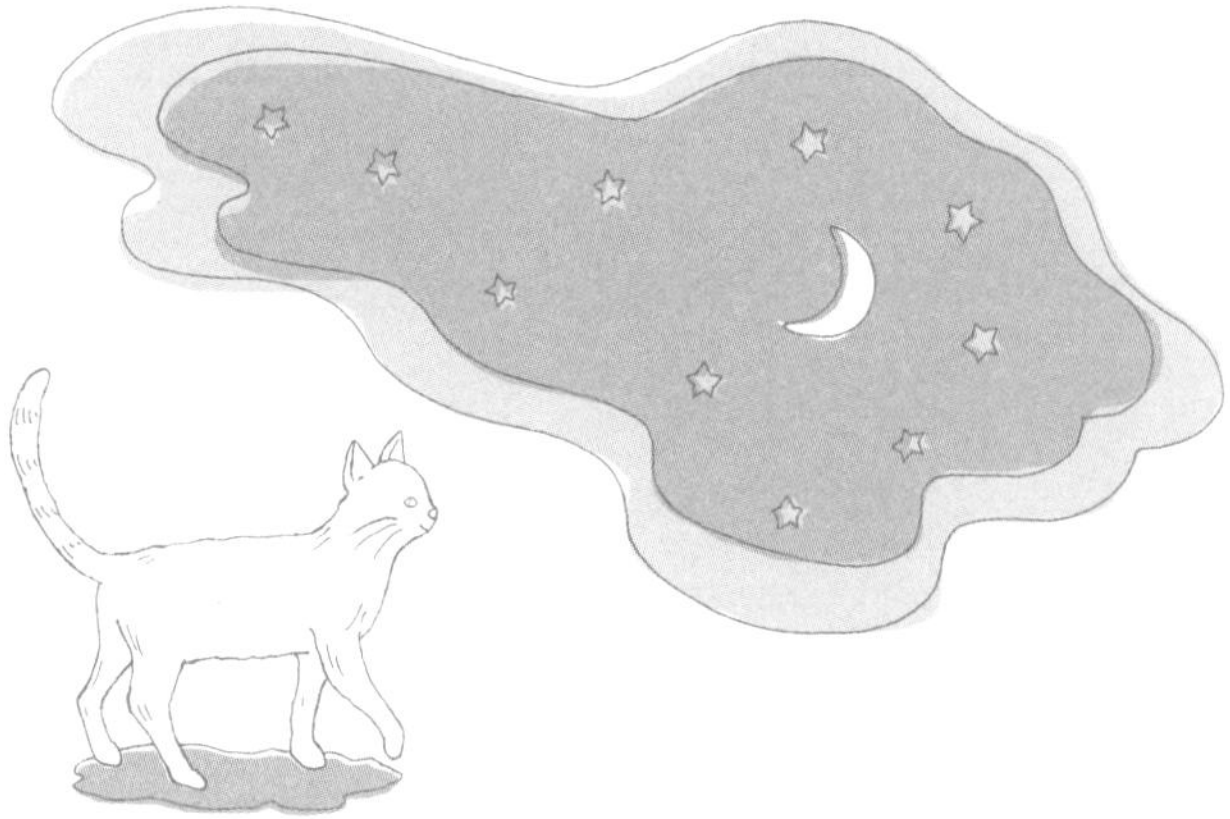

8/6

ためす

夕方散歩で暑さを凌ぐ

散歩のメリットのひとつは太陽の光を浴びることです。太陽の光によって体のリズムが整ったり、骨粗しょう症予防にもつながります。

でも、たまには夜の散歩もいいものです。特に日中が暑すぎて出かけるのがしんどいときは、夕方以降に散歩してみましょう。家にこもる日が続くより、そのほうが断然心身の健康維持につながります。

同じ道でも、部活帰りの子どもたち、買い物袋を持って急いで帰るお母さん、夕食準備の匂い……。いつもと違うことをたくさん感じられます。

帰り道、ちょっと焼き鳥屋さんに寄ってビールを1杯飲んでみたり、日中は行列しているラーメン屋さんが空いていたら寄ってみたり、居酒屋のテイクアウトを利用したり。

いつもと違う刺激がいつもと違う行動を促してくれるかもしれません。時間帯を変えるだけで、楽しみが増えるなんて、得した気分になれそうです。

8/7

ためす

いい人ぶるのを1回やめてみる

誰にでも、いい顔をすることはあります。でも、いい顔ばかりというのはしんどいものです。精神的なストレスが溜まってきます。「断らない人」はときに軽く見られてしまうこともあるでしょう。だからといって、「いい人をやめなさい」とは言えません。いい人であるメリットはたくさんありますから。

でも「いい人ぶらなかったらどうなるか?」ためしてみる価値はあります。たった1回、ためしに断る。たった1回、相手に合わせるのをやめてみるのです。

闇雲にやるのではなく、実践するために、脳を柔軟にして作戦を考えてみましょう。

たとえばこんな感じです。

❶うまく断る作戦

どうやったら、相手が納得してくれるかを考えて断る。

❷正直に事情を話す作戦

わかってもらえるかためしてみる。

❸謝る作戦

できません、ごめんなさいと言ってみる。

❹誰かに頼る作戦

素直に助けを求めてみる。

これはあくまで例です。勇気がいるかもしれませんが、いい人ぶるのを1回やめてみれば、案外、ビビッているのは自分だけだった、ということもあるかもしれません。

8/8

ためす

広背筋《こうはいきん》を伸ばしてウエストキュッ!

広背筋は背中を覆う大きな筋肉。背中側の腰の中心から肩甲骨下部、上腕骨のつけ根あたりまでがくっついています。

背中の筋肉は層になっており、広背筋はその上層にあります。上層の広背筋が硬く縮こまると、下層の筋肉も圧迫されて硬くなり、背中全体の血流が悪化し、凝りや痛みが生じます。

広背筋が弱ると姿勢が悪くなったり、背中やウエストがたるみます。こまめに動かして血流を促しましょう。

広背筋ストレッチ

1 椅子に腰かけ、右手を高く上に伸ばす。耳に腕が触れるように、無理せず上げていく。

2 胸を張ったまま、体を左に倒していく。

3 右の脇腹にストレッチ感が出てきたら、心地よいと感じるところで20秒キープ。

4 終わったら体を元の姿勢に戻し、反対側も同様に行う。それぞれ2～3セット行う。

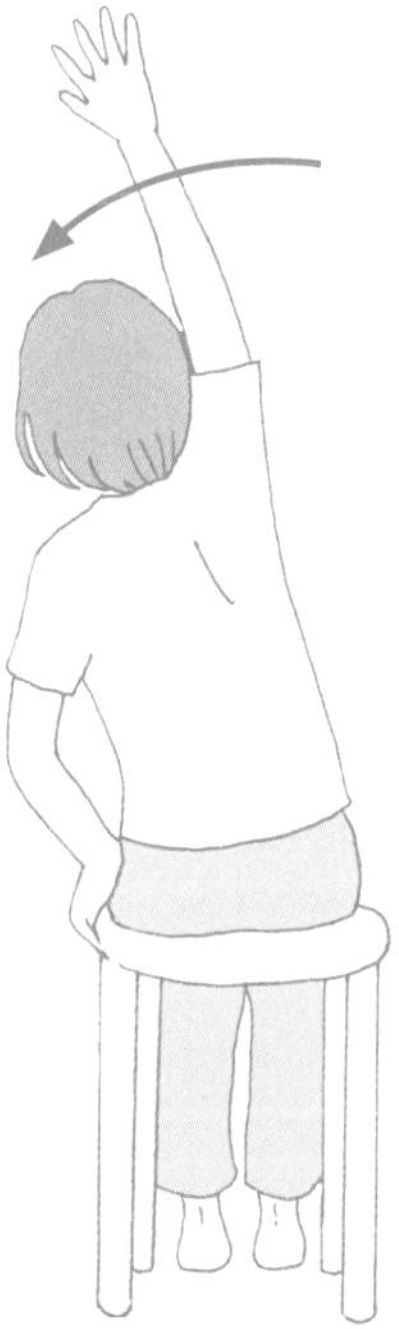

8/9

ためす

夏の気分で選んでみる 赤と青、ためすなら？

夏は行き交う人のファッションを見ても、明るい色、ハッキリとした色を目にすることが多くなります。

では、今の気分で選んでください。赤と青、どちらにしますか？

赤を選んだ人は前向きな気分。「進出色」と呼ばれ、距離が近く目立って見えます。赤を取り入れることで、元気ややる気が芽生えたり、気分を高揚させたりするなどの効果が期待できます。衝動を後押しする力があることから、まさに「衝動買い」を狙ってセール会場でもよく使われています。

青を選んだ人は、落ち着きたい気分。「後退色」と呼ばれ、遠く沈んだように見えますが、悲しみや不安を和らげる効果があるとされています。ストレスや不安を感じている人は、青を取り入れると心理的な安定感を得やすくなります。

これが赤と青の一般的な色の意味と効果です。選んだ色のアイテムを身につけて、気持ちの変化をためしてみましょう。あえて選んだのとは逆の色を身につけてみるのも面白いかもしれません。

8/10

ためす

紫外線で傷んだ髪をいたわる

夏は紫外線の影響で髪が傷みやすい季節です。パサついたりするのは年のせいと思わず、お手入れをしましょう。

自分自身が気分よくいられることはとても大切。オイルで艶を出してみたり、いい香りをまとってみたり、ウィッグサロンに行ってみたり。鏡を見て「いいね！」と思ったら、脳内の報酬系が刺激され、ドーパミンという快楽物質が分泌されます。ドーパミンはやる気のもと。若々しさの秘訣です。

8/11

ためす

季節の花に癒やされてみる

4月12日の頁で紹介した「フラワーセラピー」を、手軽に実践してみましょう。

好きな花を買ってきて、自由に生けてみてください。豪華な花束でなくても構いません。1輪の花にも癒やしの力が宿っています。花に触れたり、色や香りを感じたりすることで、心身がリラックスするのです。

花を生けることに興味がわいたら、生け花教室やフラワーアレンジメント教室に行ってみるのもおすすめです。誰かと一緒に楽しめば、心身への効果はさらに高まります。

8/12

ためす

早起きして日の出を見てみる

太陽には心身を健やかにする作用が多くあります。一番の効果は、幸せホルモンであるセロトニンが分泌されることです。

すでに何度か触れてきたように、セロトニンが分泌されると、体が目覚めてポジティブな気持ちになります。

さらに、交感神経を刺激して、各筋肉に緊張感を与え、姿勢を整え、顔の表情を引き締めるという働きもあるのです。

もちろん、朝目覚めてカーテンを開けて、太陽とご対面するのもいいのですが、たまには日の出を見てさらなるパワーをチャージしてみてください。

日の出には、特別感があります。「ご来光」という言葉はまさに日の出のありがたさやワクワク感を表しているように感じます。光を放ちながらのぼってくる太陽を眺めていると、あっという間に時間が過ぎます。セロトニンは太陽の光を5分以上浴びると増えてくるので、外に出て日の出を眺めるのは最高のシチュエーションです。

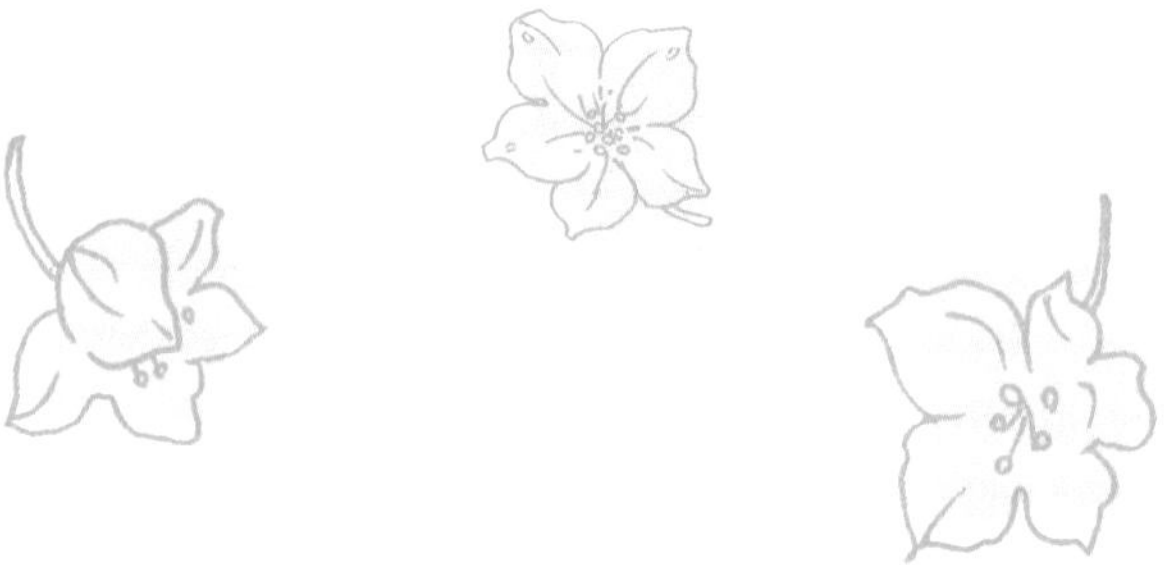

8/13

ためす

盆踊りに参加して高揚感を味わう

日本では今でも各地で盆踊りが行われています。町内会や商店街が主催する盆踊りもたくさん開催されているので、散歩の途中に町の掲示板などをチェックし、近所の人に声をかけて誘ってみるのもいいでしょう。

提灯が並び、櫓《やぐら》が建つとワクワクしてきます。夜になって提灯に明かりがつき、屋台からいい香りがしてくると、盆踊り気分が増してきます。お囃子《はやし》が流れ、体を動かし始めると、脳はどんどん活性化。ドーパミンやセロトニンが分泌され、多幸感を得られます。

さらに、盆踊りは他の人と動きを合わせるチーム感を味わえるので、高揚感を高めるエンドルフィンも分泌されるでしょう。エンドルフィンの力はとても強く、分泌量が増えると、嫌なことは吹き飛び、免疫力を高める効果も期待できます。

ちょっとオシャレをして、ネイルをして髪を整えて、自信を持って参加してみましょう。気分よく踊れたら最高です。

8/14

ためす

誰かと一緒にお酒を楽しむ

健康のためにはお酒はやめるべきか？と思われるかもしれませんが、それは飲み方次第です。お酒にはカルチャーがあり、コミュニケーションが存在します。好きなものを無理にやめるのはストレスになりますし、コミュニケーションのきっかけを手放す必要もありません。

健康的にお酒を楽しむためには「誰かと一緒に」が大切です。なじみの店で店の人と話しながら飲むのもいいでしょう。

お酒には、飲みすぎによる健康障害、依存のリスクがあるので一人でお酒を飲むのはやめる。それだけは、自分の心身を守るためのルールとわきまえましょう。

おすすめのお酒はワインです。ワインは血糖値を上げにくく、特に赤ワインはポリフェノールを多く含むため抗酸化作用があります。だから細胞を糖化、酸化させるリスクが低いのです。

今日はお酒を介して、誰かと一緒に話をして、ときには愚痴を言い、笑い飛ばすような楽しい時間を過ごしましょう。

8/15

ためす

腹の底から声を出し思いっきり歌ってみる

歌を聴いて癒やされることはありますよね。自分で歌ったときはどうでしょう？

4月7日の頁でも触れましたが、実は、**歌うことには素晴らしい健康効果があります。**

❶脳が活性化

歌の好き嫌いにかかわらず、脳全体が活性化。セロトニンやドーパミン、エンドルフィンなどの神経伝達物質が分泌される。

❷ストレス改善

脳内で分泌された神経伝達物質の効果で多幸感を得られ、ストレスが改善される。

❸自律神経が整う

歌うときは交感神経が優位に、歌い終わると副交感神経が優位になり、リラックスした状態になる。

❹運動効果

腹から声を出すことで腹筋、横隔膜、胸筋などの運動になり、血流も促進される。

一人カラオケもいいですが、誰かとカラオケに行く、地元の合唱団に入ってみんなで歌うのも最高に気持ちいいでしょう。

8/16

ためす

瞑想して「無」になってみる

8月16日は盆明けの日です。13日にお迎えしたご先祖さまがあの世に帰る日と言われています。

8月もちょうど半ばです。夏の疲れも感じるころ。今日は瞑想をして、頭を空っぽにしてみるのもいいかもしれません。

瞑想は「マインドフルネス」と呼ばれ、多くの企業で実践されています。脳を休ませることで活性を促し、仕事の効率を上げる作用があります。

脳も体と同じように疲れる。だからケアする必要があるというわけです。

まずは肩ひじ張らず、昼寝と同じ感覚でやってみましょう。

基本的な瞑想のやり方

1. 楽な体勢で座り、軽くまぶたを閉じて１～２分そのままでいる。このときは集中できなくてもOK。
2. じっと座っている感覚に慣れたら、自分の自然な呼吸に意識を向ける。
3. 何かが頭に浮かんでも、深くとらえずに流していき、意識を今の呼吸に戻す。その繰り返しによって、余計なことを考えていない状態にする。

8/17

ためす

夜空に浮かぶ天の川を見上げる

「七夕は7月7日では？」と思ったかもしれませんが、旧暦の7月7日は現在の8月初旬。そのため、七夕祭りを代表する仙台の七夕まつりや青森のねぶた祭、秋田の竿燈まつりは、いずれも8月に行われるのです。

7月7日は梅雨の真っ只中であることが多く、天の川はなかなか見ることができません。せっかくですから、本来の季節に天の川を眺めましょう。

天の川が見えるのは、夏〜秋の初めごろまで。晴れていて、夜空が暗い日のほうがよく見えるので、新月の前後10日間くらいがいいでしょう。月の満ち欠けは年によって変わるので、調べてみてください。

時間は、太陽が沈んで数時間が経ち、空が真っ暗になる21〜23時ごろ。街灯や建物の明かりが少ないほうがよく見えます。夜、明かりを消して夜空を見上げるのもいいものです。また、星空を眺めるツアーもあるので、時期を合わせて天の川旅行もいいかもしれません。

8/18

ためす

何でも少しずつこまめにやる

60代、70代、80代になるにつれ、増えていくものがあります。自由な時間です。一方、筋力や内臓の働きは少しずつ落ちていきます。

若いころは、溜めておいて一気に片づけたり、一気にたくさん食べたり、一気に長距離を歩いたりできたのが、だんだんとできなくなります。

そうなってきたら、「少しずつ」「こまめに」やってみてください。

暑い日が続くと一度に長時間歩くのはキツイ。だから朝と夕方に少しずつ分けて歩く。7時間も眠れない。だから夜は適度に眠り、毎日少しずつ昼寝をする。自由な時間の中で、少しずつ、こまめにやるスタイルを実践してみましょう。

少しずつの具合は人それぞれです。色々ためしてみて、自分が快適だと感じる「少しずつ」を探しましょう。

8/19

ためす

飲めても飲めなくてもビアガーデンへ

夏限定のお楽しみ企画、ビアガーデンに行ってみましょう。デパートの屋上、海の家、最近ではカフェやクラフトビールショップ、ホテルで開催されるビアガーデンも。

ぜひ、誰かを誘って出かけてみてください。お酒が飲めなくてもOK。ビール以外のドリンクがあるところも多く、美味しい料理もいただけます。

外の風、周りの人の笑顔、楽しそうな会話。すべてが脳の刺激になります。

8/20

ためす

新しいそうめん料理にトライする

そうめんは、めんを茹でてつゆで食べる。マンネリ化しやすい料理です。

ならば、そうめんをいつもと違う料理にしてみましょう。ルールはひとつ。「タンパク質を加えること」。これでチャレンジしてみてください。そうめんのつゆに肉類を加えてみたり、そうめんチャンプルーや、チヂミのように形を変えてみたり。考え方を変えるだけで、新しい料理は生まれるものです。

8/21

感じる

前向きになれる、オードリー・ヘップバーンの言葉

「一緒にいなければならない」からではなく、
「一緒にいたい」から、
そうしているのです。
これはほんの小さな違いだけれど、
素敵な違いです。

当時、オードリー・ヘップバーンにはロバートという恋人がいましたが、結婚はしていませんでした。マスコミから、「なぜ結婚しないのか」と問われ続けた彼女は、こう言ったそうです。「なぜ結婚にこだわるのですか？　このままでも素敵だし、ずっとロマンティックです」。

彼女は本質的で明確な答えを持っていました。

恋愛、結婚だけでなく、その他の人間関係においても、同じことが当てはまるのではないでしょうか。これからの人生、「一緒にいたい」と思える友人、家族、恋人と、大切な時間を過ごしてください。

参考：『オードリー・ヘップバーンの言葉 AUDREY』山口路子著（大和書房）

8月

8/22

ためす

トウモロコシを初レシピで堪能する

生のトウモロコシは夏限定の楽しみです。夏のうちに楽しみ尽くしましょう。

いつも電子レンジでチンしているなら、茹でてみる、蒸してみる、焼いてみる。炊き込みごはんが定番なら、ピラフやパエリア、リゾットなどに挑戦してみる。SNSで話題のトウモロコシ料理をためしてみる。

生のトウモロコシなら、ヒゲ根もついていますから、食べてみるのもいいでしょう。トウモロコシのヒゲ根は、漢方や薬膳料理にも使われている立派な食材です。

いつもと違う、初めてのレシピで料理してみて、やっぱりいつもの食べ方がいいとなるのも新発見。お気に入りの料理が誕生したら、それも新発見です。

家族や友人と一緒に色々なレシピをためしたら、トウモロコシパーティの始まりです。楽しい夏の思い出がひとつ増えるでしょう。

8/23

ためす

我慢せずお肉を食べて元気になる！

暑くても、お肉を食べていますか？　体脂肪やコレステロールを気にして、無理に肉食を避ける必要はありません。むしろ、60歳を過ぎると、日本人にとって肉食はたくさんのメリットがあります。

❶意欲が高まる

肉のタンパク質は幸せホルモン、セロトニンの材料。しっかり摂ることでセロトニンの分泌量が増え、不安が弱まり、気持ちが前向きになる。

❷筋肉の減少を防げる

肉のタンパク質を補給することで筋肉の材料が確保され、筋肉減少を予防できる。

❸うつ病予防につながる

コレステロール値が極端に下がるとうつ病のリスクが上がる。肉に含まれるコレステロールを適度に摂ることでうつ病のリスクを低減できる。

お肉を食べると幸せな気持ちになり、元気が出てくるのは、正しい反応です。無理に我慢せず、毎日コツコツお肉をいただきましょう。

8/24

ためす

サークルや学校に体験参加してみる

「お年寄りばかりの集まりに行くなんてイヤだ」という声をチラホラと耳にします。

でも、そういう人に限ってためしたことがなく、先入観や思い込み、余計なプライドが邪魔をして、素直に参加できないケースが多いようです。

イヤならやめればいいのですから、まずは気楽に体験参加してみましょう。

趣味のサークル以外にも、各地の市町村が募集している「シニア大学」「シルバーカレッジ」などもあります。実際の活動を見ることができる「オープンキャンパス」が実施されることもあるので、チェックしてみてください。

同世代が集まる場は、無理なく会話ができるのがいいところです。共通の話題があり、悩み事も話しやすいので安心感があり、ほのかなライバル意識はお互いを刺激し合います。

何より、60歳を超えてから親友、学友ができるのは素晴らしいことです。

8月

8/25

学ぶ

知っておきたいがんのこと①

がんは老化現象のひとつ

日本では、2人に1人ががんになり、3人に1人ががんで死ぬ時代です。直接的な死因はどうであれ、私が診てきた中では85歳を過ぎた人の体内には必ずと言っていいくらいがんがある。つまり、がんは老化現象のひとつとも言えるのです。

とはいえ、がんですから、怖いと感じるのは当然です。でも、2人に1人はがんだと知らずに亡くなるということも知っておいてください。まさに「知らぬが仏」です。

こまめにがん検診を受けている人も、受けるだけで安心ではありません。

もしがんが見つかったとき、どうするか？を考えておくことが大切です。そうすることで、無闇に恐れる気持ちは薄れるでしょう。

もし、65歳を過ぎてからがんが発見された場合、選択肢として考えられるのは次の2つです。

1 苦しい思いをしても、1秒でも長く生きるために、治療を受けてがんを根絶する。

2 なるべく苦しまずに一日一日を好きに生きるため、たとえ残りの人生が短くなったとしても治療は最小限にして、がんとともに生きていく。

8/26

学ぶ

知っておきたいがんのこと②

85歳を超えたらがんは当たり前

がんになったときにどうするかを考えたら、その先のことも考える必要があります。前の頁であげた選択肢で①の「がんを根絶する」を選ぶ場合、大事になるのが、医師と病院の選び方です。

病院によって治療の方法が異なれば、医師によって治療方針も手術の腕も違います。医師や病院を探すための目安をお伝えしておきましょう。

ひとつは、病院のがんの手術成績をチェックすることです。ホームページに情報が公開されていますから、術後のフォローについても調べておいてください。名医の治療を受けるには、お金よりも「正しい情報」が必要なのです。

もうひとつは、診察を受けたうえで、医師に対して希望を持てるかどうか。命をゆだねるわけですから、信頼は重要です。

②の「がんとともに生きる」を選んだ場合、いつもどおりの生活を送れます。「やりたいことをやり尽くそう」と開き直ることもできます。

がんは、積極的な治療をしなければ、死ぬ少し前まで普通の暮らしができる病気です。そして、正確な寿命は誰にもわかりません。そのうえで、がんになったときの生き方を考えておくことが大切です。

8/27

ためす

かき氷の食べ納めに行く

かき氷の食べ納めをするのもいいアイデアです。いつも行列の人気店に並んで最新トレンドのかき氷を食べてみるもよし、フードコートで子どもたちに交じって思い出にひたりながら食べるのもよし、です。

夏を振り返って、思い出に残ったことを書き出してみましょう。誰と一緒だったか、どんな会話をしたか、匂いや色など色々なことを思い出しながら書き出してみてください。

そうやって振り返ったところで、やり残したことがあったら、「来年でいいや」と思わず、やっちゃいましょう。

暑い日が続いていても、あっという間に秋が来るかもしれません。

8/28

感じる

8月の和風月名は？暦の言葉で感性磨き

8月の和風月名は「葉月」。木の葉が落ちる月ということから「葉落ち月」が「葉月」になったと言われています。

他にも、稲の穂が膨らんで張る月であることから「穂張り月」、旧暦の8月15日（今の9月）に行われたことから十五夜を由来とする「月見月」、木の葉が色づくことから「木染月《こぞめづき》」、秋らしさを感じる「秋風月《あきかぜづき》」などの異名もあります。

8月もあと少し。秋の気配は感じられ始めたでしょうか？

8/29

ためす

芥川賞受賞作品を読んでみる

同人雑誌を含む、雑誌に発表された新進作家による純文学、中・短編作品の中から選ばれるのが芥川賞です。

受賞作品が掲載される『文藝春秋』の発売は毎年2月と8月。8月は「夏の文庫フェア」が開催され、子どもたちの課題図書も書店に並び、思いのほか読書欲が刺激されます。ぜひ、書店に足を運んで書棚をじっくり観察してみてください。受賞作品だけでなく、面白そうな本との出会いがあるはずです。

8/30

ためす

夏の終わりに花火を楽しむ

花火といえばどんなことを思い出しますか？　はしゃいで花火を持って走り回っていた近所の子、デートで行った花火大会、心臓に響いてくるような重低音、火薬の香り、友だちと並んで線香花火の火花を息を呑んで見つめたこと。

　記憶を掘り起こすとそのときの映像、匂い、気持ちまで蘇ってきます。それは脳の海馬が活性化した証です。

　また、夜に行う花火には、暗闇では心を開きやすくなる「暗闇効果」があります。修学旅行の夜、布団に入ってから友だちとひそひそ話で盛り上がった経験があるはずです。暗いところでは、不安感などから人との心理的距離が近くなると言われています。

　年を重ねてからやる花火はどんな感覚でしょうか。子どものころと同じようにワクワクしてきたら、そのワクワクを逃さず、誰かと一緒に楽しんでみてください。暗闇効果で、きっと会話も弾むでしょう。

8/31

学ぶ

知っておきたい健康診断のこと

健康診断の数値は気にしなくていい

60歳を過ぎたら、体の健康より心の健康を大切にましょう。そこで、問題になるのが「健康診断」です。

最初にお伝えしておきます。「健康診断の数値は気にしなくていい」。

健康診断の数値を気にしすぎて、ストレスを抱えたり、食べたいものを我慢して、楽しみを失う人がとても多い。健康診断の数値のせいで心が不健康になる。それが問題なのです。

実は、多くの人が気にする健康診断の数値は、意味のない数字ばかりです。

健康診断の数値は、健康と考えられる人の平均の数値を調べ、その上下95%に収まる人は正常、そこからはみ出した人は異常と判定しているだけです。体格、体質などの個人差は考慮されていません。だから、数値が異常＝ダメ、正常＝安心というわけにはいかないのです。

健康診断の数値より、自分の体の声を聞くほうが大事です。食べた物によって表れる体の変化、体を動かしたらどうなるか、体を動かさなかったらどうなるかなど、繊細に感じ取ることを心がけてください。

8月

秋

Autumn

少しずつ暑さがやわらぐ秋は
思いっきり活動的に過ごしましょう。
初めての土地を旅したり、美味しいものを食べたり、
壮大な紅葉を見たり、静かに月を眺めたり、

感動しながら夕日を浴びたり。
自分の心と体、全身で体感することで、
脳が活性化し、若々しさを呼び覚まします。

二十四節気

白露	9月8日ごろ
秋分	9月23日ごろ
寒露	10月8日ごろ
霜降	10月23日ごろ
立冬	11月7日ごろ
小雪	11月22日ごろ

9/1

ためす

いい靴で「いい足」を手に入れる

年を重ねると靴はとても大切です。いい靴はいい足となり、行動を促してくれます。

足になじんだお気に入りの靴があるなら、お手入れをしましょう。靴底がすり減って傾いてしまっていたら、新しい靴に買い換えどきです。

新しく靴を買う場合は、次のポイントをチェック。

❶つま先が少し上がっている

つまずきにくく、歩き出しが楽。

❷足を入れる部分が大きく、はきやすい

スムーズに足が入るほうが安全。ファスナーで楽に開閉できるものもおすすめ。

❸滑りにくい

転倒予防は最重要です。底がツルツルのものは避けましょう。

9月

9/2

ためす

何もせず雲を眺めてみる

「天高く馬肥ゆる秋」という言葉があるように、秋になると空気が澄んで空が高く感じられます。

夏には、温まった地面からモクモクとわき立つような積乱雲が見られましたが、秋になると気温が下がり、上空には偏西風が吹き始めます。

雲はちぎれて流され、表れるのがうろこ雲やさば雲、いわし雲。モコモコふわふわのひつじ雲も。

そうやって空を見上げていると、自然と深呼吸したくなり、気持ちがスッキリしてきます。胸を張って背すじを伸ばすことで、呼吸が深くなり、酸素が巡って脳が活性化してくるのです。

9月に入り、暑さが落ちついてきたら散歩シーズンの到来。外に出たら、足元ばかりを見ていてはもったいない。太陽の下で空を見上げ、雲を眺めながら深呼吸しましょう。

これだけで気分が前向きになるのです。

知っておきたい筋肉のこと

筋肉量が脳の若さを決める

2023年11月27日、厚生労働省の専門家検討会は「健康づくりのための身体活動・運動ガイド2023案」を発表。高齢者の運動も具体的に提案されました。

運動量が多い人は少ない人と比べ、循環器疾患やがん、うつ病、認知症などの発症リスクが低いことが報告されていますから、運動はとてもいいことです。

そして、注目してほしいのが「歩くことで脳を鍛えることができる」ということです。

筋肉には「筋紡錘」と呼ばれる知覚神経の末端があります。筋肉を使うことで、体中にある筋肉中の筋紡錘が刺激され、その刺激が脳に伝わって脳が活性化されるのです。

60代以降の場合、筋肉をバリバリ鍛える必要はありません。筋肉を動かすことこそ、若々しくいるための秘訣です。

おすすめの運動習慣

- 歩行運動を1日約2000歩。
- 筋トレは週2～3回。体操やダンス、ヨガなどもおすすめ。

※転倒、持病の悪化などのリスクもあるのでやりすぎに注意。

9/4

ためす

下りの階段で筋トレをする

「筋肉は動かすことが大切」と前頁で解説しました。

たびたびおすすめしているように、年をとれば、毎日20〜30分の散歩をすることで十分運動になります。

でも、いざ、電車に乗って出かけようと駅に行くと、上りのエスカレーターはあるのに、下りは階段しかないというケースが珍しくありません。年をとってくると、上りは多少時間がかかっても案外上れるものですが、下りは怖くて足が震える……ということがあります。

年をとると、弱りやすい筋肉と弱りにくい筋肉があり、階段では降りるときに使う筋肉のほうが弱りやすいのです。

つまり、できるだけ長く自分の足で歩き続けるためには、下りの階段は格好のトレーニング場。下りの階段こそ、できるだけ使うほうがいいのです。

もちろん、転倒の恐れがある状態なら無理は禁物。エレベーターを使ったり、手すりを使って安全に降りてください。

9月

9/5

感じる

季語で秋を感じる「行き合いの空」

残暑が厳しい中でも、季節は確実に秋へと移ろっています。気温が下がる朝夕には、少しカラリとした風が吹き、ひぐらしの鳴き声が響いてくる。

そんな季節の境目にぴったりなのが「行き合いの空」という秋の季語です。

夏と秋と　行きかふそらの
かよひちは　かたへすすしき
風やふくらむ

『古今和歌集』に収録された夏の終わりに詠まれた歌です。

この歌を詠んだのは三十六歌仙の一人である凡河内《おおしこうちの》躬恒《みつね》。躬恒は「空には道があり、暑い夏が通ったり、涼しい秋が通ったり。天空ではきっと涼しい風が吹いているのだろう」と想像したのです。

もくもくと立ちのぼる入道雲、その上空にうろこ雲。夏の間、山で涼んでいた赤トンボが再び平地に戻り、蝶は越冬に向けて卵を産み、孵化した幼虫は越冬に向けて食欲旺盛。季節は日々変化しています。外に出て、夏から秋への移ろいを感じてみてください。

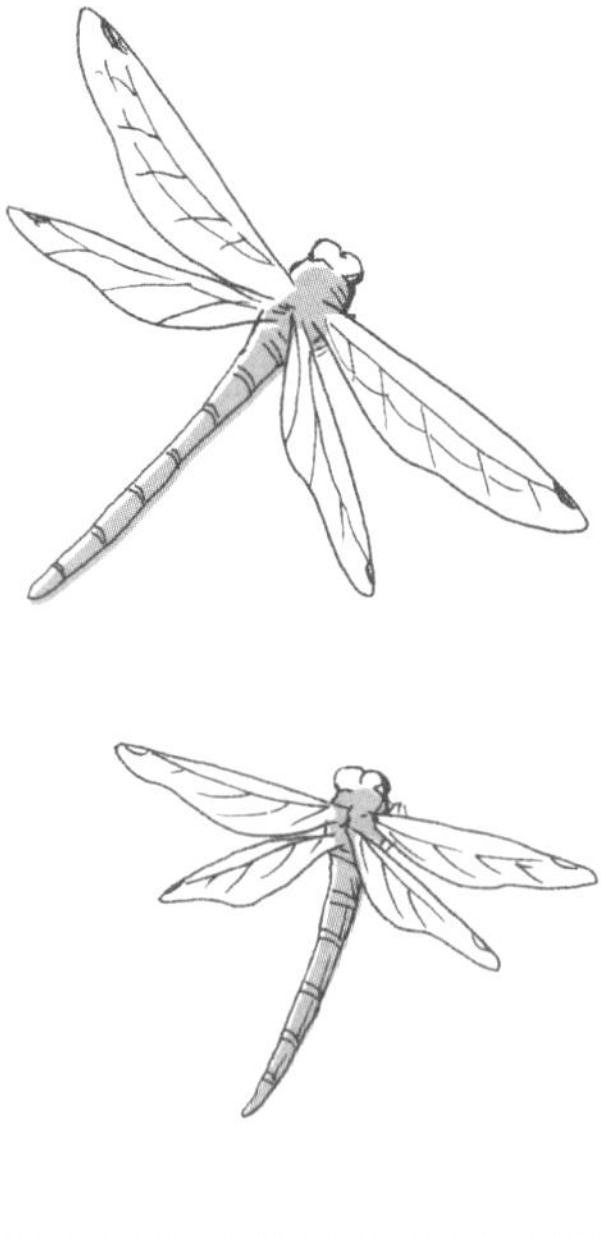

9/6

ためす

自分に合うお茶を探してみる

日常的に飲むお茶は、マンネリ化しやすいものです。「これを飲むと調子がいい」なら、とてもいいこと。でも、「なんとなく飲んでいる」というケースも案外多いようです。

今の時代、コンビニやドラッグストアでもさまざまなお茶が手に入ります。健康効果は体質よって異なるので、一般的に言われている効果が当てはまるとは限りません。色々なお茶をためしてみて、自分に一番合うものを探してみましょう。

9/7

ためす

グルメイベントに行ってみる

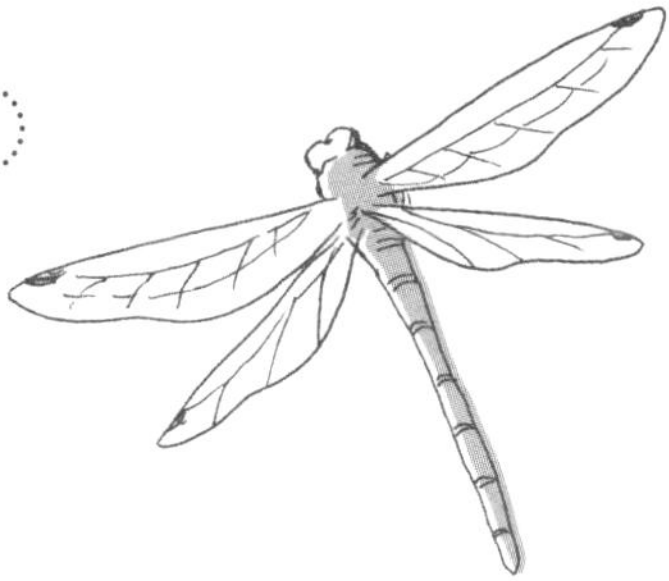

いわゆるご当地焼きそばやラーメン、どんぶりものなど、手頃に楽しめるB級グルメ。

もともとあった料理にアイデアを加えたものや、その土地の名産を使ったものなど、町おこしの意味が込められたものが多いことも魅力のひとつです。

秋はグルメイベントが多くなる季節。出身地のB級グルメを調べてみたり、海外フードのグルメフェスに出かけてみたりすると、流行がわかったり、新たな味に出会えるでしょう。

9/8

ためす

聞こえづらいと思ったら補聴器を使ってみる

耳が聞こえづらくなるのは仕方のないこと。問題は聞こえづらいことを隠して我慢することです。

何を言っているかわからない、聞き間違いによってトラブルが発生する、本人も周囲も声が大きくなり、まるでケンカしているみたい……。

こんな状況が続くと、会話がおっくうになり、コミュニケーションの機会が減ってしまいます。「話してもわかってくれない」と一人で悶々と悩んだあげく、孤立してしまうかもしれません。

だから、耳が聞こえづらくなったら、補聴器を使いましょう。お年寄りっぽくてイヤだと思う気持ちもわかります。でも、周りはそんなこと気にしませんし、「耳が遠くなっちゃって。おばあさんだからね～」と笑っていたほうが素敵です。

最近では補聴器の性能はとても高くなっています。無料のおためし体験などもあるので、気軽に行ってみてください。

9/9

ためす

重陽《ちょうよう》の節句に菊の花を飾る

9月9日は重陽の節句です。

中国では奇数は「陽」で縁起がよいとされてきました。中でももっとも大きな陽の数「9」が重なる9月9日は「重陽」、別名「菊の節句」として定められました。

陽が重なる縁起のよい日ですが、一方で、陽の力が強すぎて不吉なことが起こりやすいとも言われることから、菊の花で邪気を払い、無病息災を願う節句の風習が行われるようになったそうです。

重陽の節句には、菊の花を飾ってみましょう。菊は仏花のイメージが強いかもしれませんが、花屋さんをのぞいてみると、定番の菊だけでなく、ボールのような菊の花もあり、カラフルでかわいいものです。自由にアレンジして飾ってみれば、部屋の雰囲気も明るくなり、気分も上がります。

ちなみに、秋に菊の花が咲くのは10～11月ごろ。その時期には各地で菊祭りが開催されるので、チェックして訪れてみるのもいいでしょう。

9/10

感じる

9月の和風月名は？ 暦の言葉で感性磨き

9月の和風月名は「長月」。「夜が長い月」が由来とされています。一年でもっとも夜が長いのは冬至のころ。でも、夏が過ぎ、日が短くなり、夜の訪れが早くなったと強く感じるのは確かに9月。昔の人の感性には、自由と洒落っ気を感じさせられます。

また、稲を刈る季節であることから「小田刈月《おだかりづき》」、菊の花が咲くことから「菊開月《きくさきづき》」「菊咲月《きくさきづき》」などの異名もあり、いずれも秋の訪れを知らせています。

9/11

ためす

ほうき掃除で脳の血流をアップする

日々の掃除は、重い掃除機を使うのがおっくう……。

そこで実験。ほうきを使ってみましょう。ほうきは軽くて扱いが楽。ほこりを飛ばさないよう静かに掃き、最後はちりとりで集めます。

実は、ある実験で、日常の動作中の脳の血流を測定した結果があります。「掃除機とほうき」では、明らかにほうきのほうが脳が活性化。「電卓とそろばん」では、そろばんのほうが活性化。どうやら脳は、アナログが好きなようです。

9/12

ためす

明かりを消して夜空を眺めてみる

朝夕は少しずつ暑さも和らぎ、夜が長くなってくる季節。日常を離れて、夜を楽しみましょう。

夜はリラックスする時間です。副交感神経が優位になり、体は活動モードから休息モードに切り替わっていきます。仕事も家事もいったん休憩。夜の暗闇と静けさは、心理的にも雑音を消してくれます。

テレビも部屋の照明も消し、パソコンもスマホもやめて、ベランダに出てください。窓を開け、窓辺に座ってもいいでしょう。あとはゆっくり夜空を眺めます。

星をよく見ると、不規則に瞬いていることに気づきます。このようなゆらぐ光や音は「1／fゆらぎ」と呼ばれ、癒やしの効果が認められています。

星の瞬きを眺めていると、気持ちがスッと落ち着いてくるのを感じるでしょう。

明かりを消して、夜空を眺める。たったこれだけのことで、家にいながら、日常からの解放は可能なのです。

9/13

ためす

おへそのぞき運動で腹筋を鍛える

腹筋は、健康的に暮らしていくために鍛えておきたい筋肉のひとつです。腹筋が弱くなると、寝ている状態から体を起こすことが難しくなります。

また、腹筋を鍛えておくことで便秘予防にもなります。腹筋が弱いと胃などの内臓が下がり（内臓下垂）、腸が圧迫されて機能が鈍くなるため、便秘になりやすいのです。

寝起きもお通じも毎日のこと。腹筋を鍛えて快適に暮らす土台を整えておきましょう。

おへそのぞき運動

1 仰向けになり、両ひざを立てる。両手はお腹や太ももの上に置く。

2 無理のない範囲で上体を起こし、おへそをのぞき込み2秒キープ。2秒かけて上体を戻す。

3 息を止めず、自然な呼吸を続けながら10回ほど繰り返す。

9/14

ためす

テレビを真剣に観る

正直に言って、ボーッと眺めるだけならテレビなんて観ないほうがいい。座りっぱなしで、筋肉も脳も働かせないなんて、もったいないことです。

観るなら真剣に観てください。つまらない内容にはつまらない！　腹が立ったら怒る！　そしてなぜ腹が立ったのか考える。行ってみたい場所、食べてみたいものがあったら、メモをして調べて実際に行ってみる。

くれぐれも、テレビの言いなりになんてなりませんように。

9/15

ためす

なじみじゃない店で五感を磨く

ときどき外食をして気分転換しているという人も、同じ店ばかりでは脳が慣れて活性化しなくなります。

もちろん、なじみの店ならではの安心感もいいものです。でも、たまに違う店で食事をしてみると、視覚、聴覚、味覚のあらゆるところに関わる脳の部位が活性化するでしょう。

さらに、なじみの店を再び訪れたときにも、不思議と新鮮な気持ちになれるものです。ぜひ、ためしてみてください。

9/16

ためす

敬老の日のお祝いに参加する

9月の第3月曜日は敬老の日。自治体からプレゼントや御祝い金をいただけたり、町内会などでは敬老の日を祝う会が催されることもあります。

年をとると、地域との関わりはとても大切です。顔見知りが増えると、散歩のときに会話を交わしたり、地域の行事に参加したりする機会が増えるでしょう。日々の暮らしには、活力を与える刺激が必要なのです。

また、地域のイベントには、子どもたちが参加することもあります。子どもたちとの触れ合いで、元気をもらったり、癒やされたり、優しい気持ちになれたりするものです。

「人が集まる場は苦手」「まだ老人扱いされたくない」など、色々な思いがあるでしょう。でも、行ってみたらなんてことないかもしれません。日常から一歩、踏み出してみてください。

9/17

ためす

月見団子を手作りしてみる

旧暦8月15日は中秋の名月。年によって9月のこともあれば10月のこともあり、さらに満月とも限りません。

何はともあれ、美しい月を眺めるのは気持ちのいいものです。満月を眺め、月見団子をつまみながら、秋の夜長を楽しんでみてください。

月を神さまに見立てて、団子をお供えし、お下がりをいただきます。せっかくですから月見団子は手作りしてみましょう。

作り方は、団子粉をこねて茹でるだけととても簡単。団子自体はとてもシンプルですから、アレンジを楽しみましょう。あずきあん、かぼちゃあん、チョコやナッツ、メープル味も。甘いのが苦手なら、バター醤油で炒めたり、醤油をからめて海苔で包んで磯辺団子にしてみたり。

「花より団子」とはよく言ったものです。食べる楽しみは人間にとってとても重要。食べることで脳内ではセロトニンやドーパミンが分泌されて、幸せな気持ちに包まれるでしょう。

9/18

ためす

絵を描く、ぬりえをする

画家には長寿の人が多く、シャガールは98歳、ピカソは91歳、葛飾北斎や横山大観は89歳、モネは86歳まで生きました。それぞれの年代の平均寿命が30～40代ですから、かなりの長寿です。

絵を描くことは脳や心身によい影響があるのです。

たとえば風景画を描くために外に出れば、太陽の光を浴びて幸せホルモンのセロトニンが分泌されます。観察する、手を動かす、集中する、全体をイメージするといった、絵を描くためのすべてのことが、脳のあらゆる部位を働かせます。

ぬりえは、色の組み合わせやバランスを考えながら集中して作業することで脳が活性化します。怒りやイライラなどは自然と消え、気持ちがスッキリしてくるでしょう。

実際、うつ病の治療法にも「絵画療法」というものがあり、集中して筆を動かすことで気持ちの落ち込みやストレスが吐き出される効果が認められています。

9/19

ためす

秋の展示会へ行ってみる

秋ともなればなおのこと、美術館や博物館の特別展だけでなく、大小さまざまな規模の展示会が開催されています。

たとえば、プロによる陶芸、布小物、ファッション、ガラス作品、イラストや絵画、手芸品、さらに趣味のサークル、子どもたちの習い事や活動の発表なども。思いがけない展示や発表がたくさんあります。展示会は無料のケースが多いので、気楽に訪れてみましょう。

もちろん、展示会に行くためには情報収集が必要です。インターネットや町の情報誌、フリーペーパー、ＳＮＳでチェックするのもいいでしょう。

展示会に行ったら、わからないことを係の人や周囲の人に聞いてみるなどしてコミュニケーションをとるのもおすすめです。興味のある人が訪れている場なので、きっとよいコミュニケーションが生まれるはずです。

9/20

ためす

読まずにいた本を読んでみる

食わず嫌いならぬ、読まず嫌い。そんな本はありませんか？　買ったのに、途中で読むのをやめてしまった本、興味がない本、口コミの評価を見て読むのをやめた本。そんな本を読んでみましょう。苦手なことや難しいことに取り組むと、脳は普段使わない部分が活性化します。

もし、面白いと思えなくても、「そういう考えがあるんだ」「この表現が好き」などの発見があればそれでOK。読んだ甲斐があったということです。

9/21

ためす

夏の疲れが出た爪や手を蘇らせる

顔は化粧水やクリームをつけてお手入れをしますが、手は意外と放置しがちです。

夏の間マニキュアを楽しんだなら、なおさらお手入れをしましょう。ネイル美容液を使ってみると、爪がツルツルになるうえにお手入れもできて一石二鳥。お肌はハンドクリームで入念に保湿しましょう。

手は、体の中でも一番目にする機会が多い場所。ツルツル、スベスベになれば、気分が上がること間違いなしです。

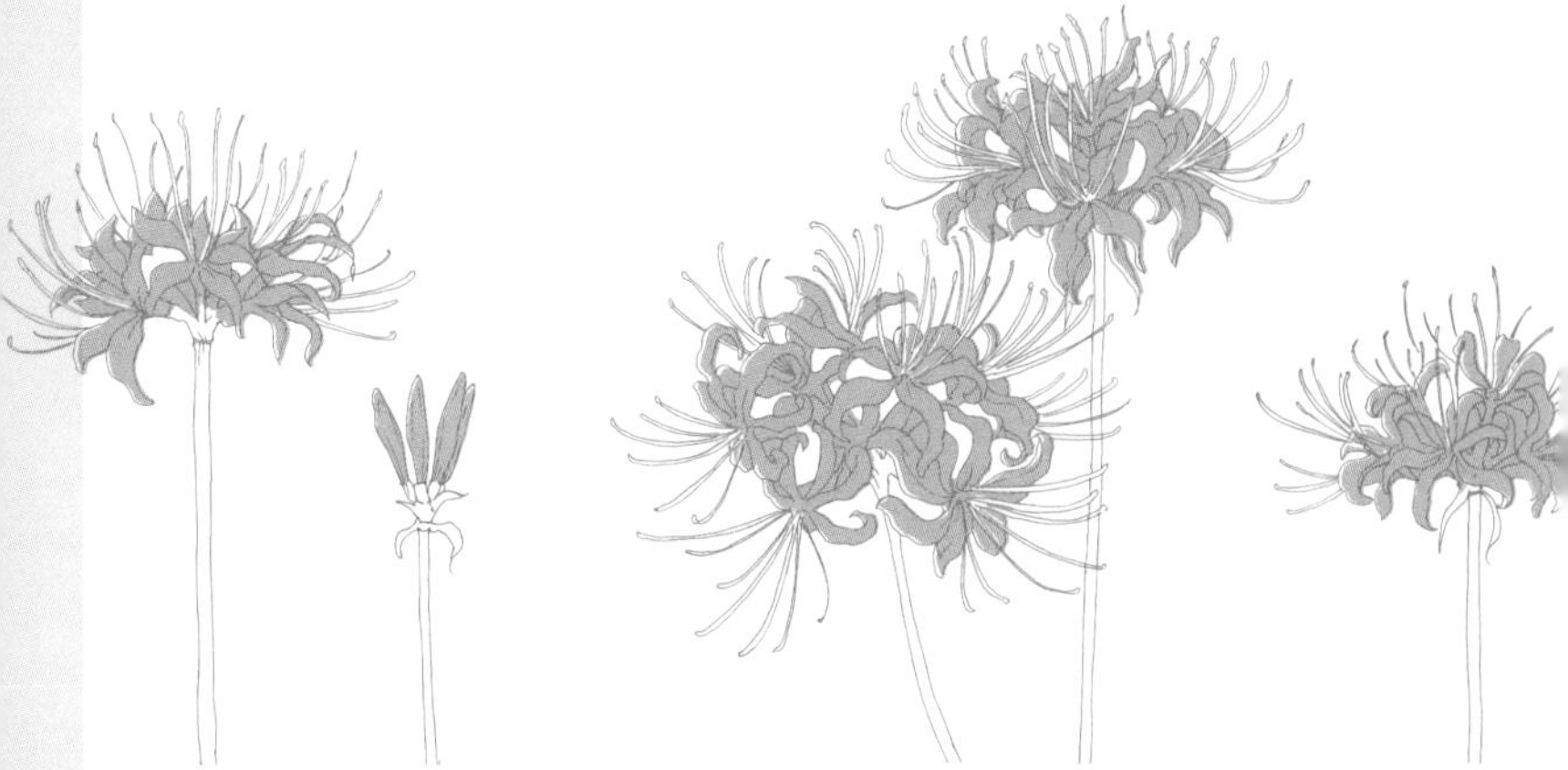

9/22

ためす

時には積極的に遠回りをしてみる

人間は効率を求めがちです。仕事においても勉強においても、効率よくこなしていくことは大切なことです。

でも、遠回りは案外悪いことではありません。たとえば、学生のころにお金を稼ぐためにしたバイトの経験が、60歳の今、パートに出かけるきっかけになった。本当は作家になりたかったけれど、進学を諦めて実家の居酒屋を継いだら、お店で出会った人たちのことをネタに小説を書くことができた。なんてこともあるかもしれません。

意味がないと思えばそれまでですが、すべての経験は何かにつながっているかもしれないのです。もちろん、無駄にするか、意味のあるものにするかは自分次第です。

日常にも遠回りのチャンスはたくさんあります。一駅隣のスーパーに買い物に行く。いつも自転車で行く道を歩いてみる。缶詰の水煮大豆を買うのをやめて大豆を茹でてみる。そんな小さな遠回りも悪くないですね。

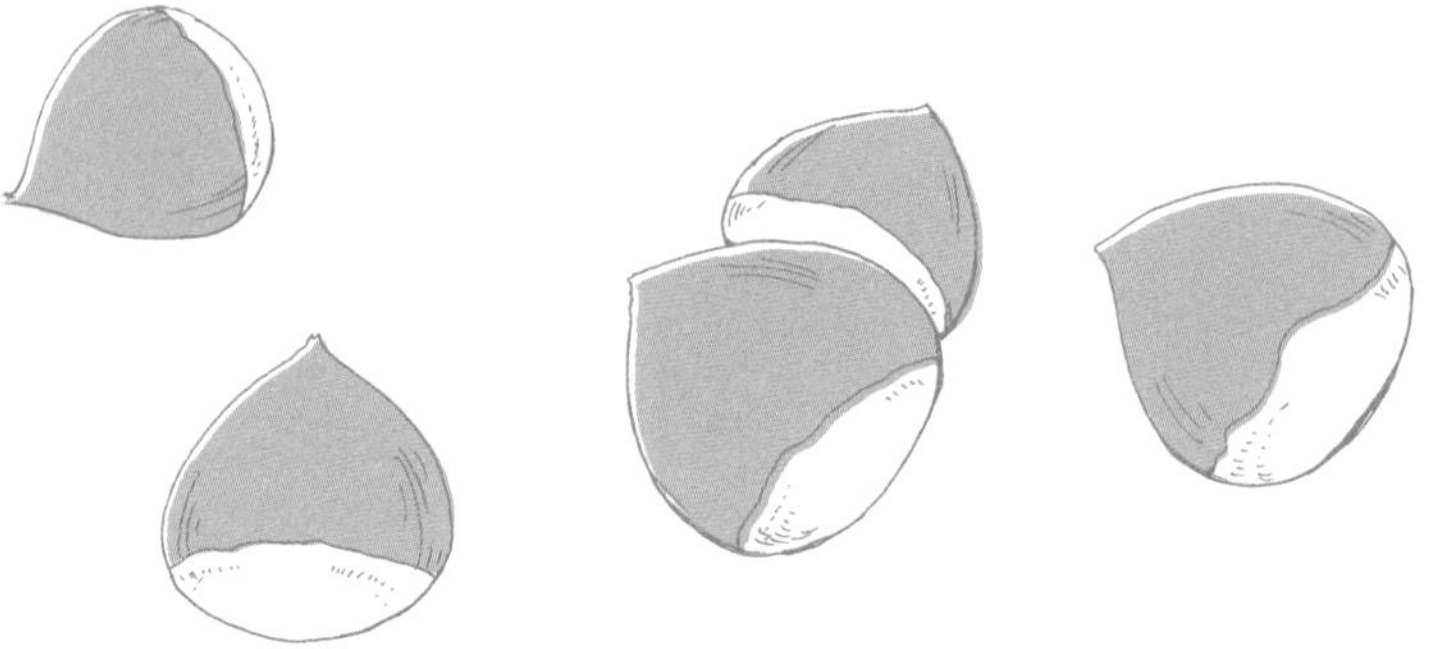

9/23

ためす

秋の味覚の王様 栗料理にチャレンジ

栗が出回り始める季節です。丸ごとの生の栗は、秋限定のお楽しみ。栗の実を買ってきて、料理してみましょう。

栗を料理するためにはやることが山積みです。

ぬるま湯に浸けて鬼皮を柔らかくする。包丁で鬼皮と渋皮をむく。むいた栗は、アクを抑えるために水に浸すことも忘れてはいけません。

こうした一連の作業は、とても脳を使います。まず、全体の段取りを考えることで頭の回転が上がります。前頭葉では手を細やかに動かすために運動野が活性化。集中して作業を続けることでさらに脳のたくさんの部位が活性化します。

ちょっと面倒で大変な作業ですから、やり遂げた後は達成感も抜群。脳内では報酬系ホルモンのドーパミンが出るはずです。

もちろん、むき終わった後は美味しくいただきましょう。栗ごはん、煮物、スイーツだって楽しめます。

9/24

ためす

ハイキングで足と脳をフル回転させる

歩くことはいいことだと繰り返しお伝えしました。ハイキングが脳にも体にもいいことは間違いありません。

　ハイキングには、普段の散歩の効果に加えて、旅の要素も加わります。どこに行こうかとワクワクしながら計画を立てましょう。できれば、初めての場所に行ってみてください。

　行った先で、脳はよく働きます。景色、草花、香り、そして自分の歩く速度や時間の経過、体調のことまで、あらゆることに神経を行き渡らせ、情報をキャッチして行動しなくてはいけないからです。

　低山でも、公園でも、ハイキングルートでも構いません。疲れたら途中で引き返したって構いません。

　自分でルートを決めるのですから、ワガママ気まま、そして欲張りでいいんです。帰りは美味しい物を食べたり、温泉に立ち寄ったりするのもいいことです。行くこと自体が脳にとってはワクワクなのですから。

知っておきたい医療のこと

医者の言うことは絶対ではない

医者に言われたとおりにすれば、健康的に長生きできるという思い込みは捨ててください。

日本の医者は、専門分野のスペシャリストばかり。たとえば心臓の専門医が「体にいい」というのは「心臓にいい」という意味で、消化器の専門医がいいというのは「消化器にいい」という意味にすぎません。

つまり、体全体を総合的に診てくれる医者はほとんどいないのです。

しかし、60代、70代にもなるとすべての臓器の機能が低下してきます。ある臓器の専門医の言うことを聞いていると、他の臓器が悪くなり、体全体に大きなダメージとなったということもありえるのです。

だから、60歳を超えたら、医者の言うことを鵜呑みにしないでほしいのです。

特に、大学病院は典型的なスペシャリスト集団です。若いうちは悪いところに的を絞り、専門的な治療を受けて回復を目指すほうがいいケースもたくさんありますが、高齢になったらデメリットが多すぎます。

「悪いところだけを治せばいい」「死にさえしなければいい」。そんな医療はお断りしてください。高齢になったら、残りの人生を健康的に楽しく暮らすことが、何よりの幸せです。

9/26

学ぶ

知っておきたい医者選び①

希望する治療をしてくれる医者を探す

たとえば胃がんにかかったとします。そのとき、自分はどのように生きたいかを考えてください。

「食事を楽しめなくなってもいいから長生きしたい。だから転移しないよう、すべて切除してほしい」と考えるのか、「残りの人生、好きな物を食べて楽しく過ごしたい。だから治療の影響は最小限にしたい」と考えるのか。

その人の人生ですから、治療にも個人の価値観が反映されるべきです。

しかし、「わからないから先生に任せる」「家から近い病院にする」と、自分の意志をないがしろにしてしまう人が意外と多いように感じます。

がんと知らされたことで、パニックになってしまうこともあるかもしれません。

だからこそ、もしがんになったらどんな治療を望むのか、どう生きたいのかなどを事前に考えておいてください。

自分の希望する治療をきちんと伝え、それを受け入れてくれる医者を選んでください。

がんに限ったことではありませんが、こちらの話を聞かず、頭ごなしに決めつけてくるような医者は、避けたほうがいいでしょう。

9月

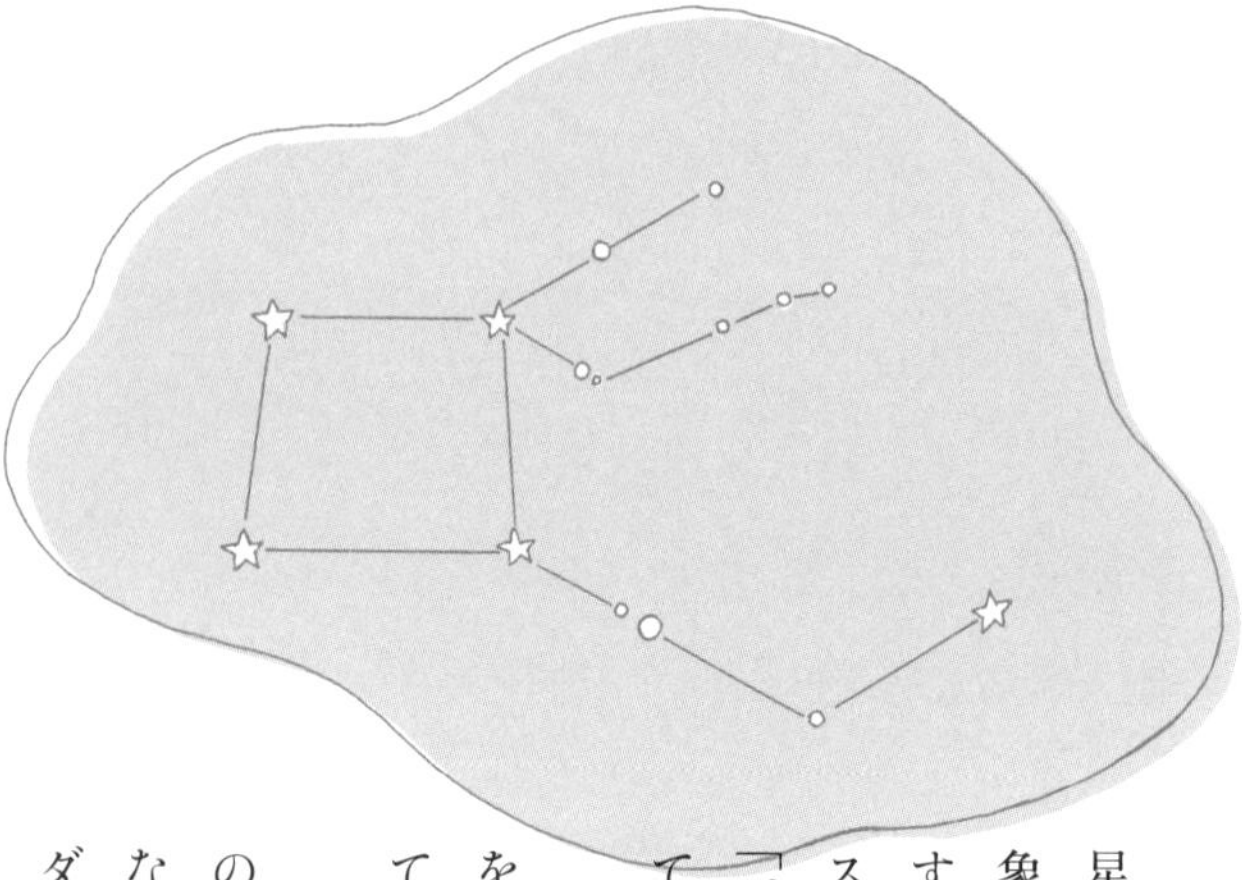

9/27

ためす

秋を代表する星座 秋の四辺形を見てみる

秋の夜空には目立って明るい星が少なく、少しもの悲しい印象です。そんな中でもわかりやすいのが「秋の四辺形」。ペガスス座の胴体にあたることから「ペガススの四辺形」とも呼ばれています。

秋の静かな星空の中、四辺形を見つけたら、他の星座も探してみましょう。

先に登場したペガスス座、秋の四辺形に尻尾がくっつくような形をしているのがアンドロメダ座。秋の星座神話に登場するヒロインの星座です。さらに、近くにはみなみのうお座があり、秋の星座では唯一の1等星のフォーマルハウトも見つけられるでしょう。こうして、自分の目で、星座や星を発見していくのは楽しいものです。

夜空の地図の中に入って探検しているような気分。ワクワク感、見つけたときの嬉しさ、達成感をたっぷり味わえます。それは、映像やインターネットの画像では味わえない、格別な体験です。

9/28

ためす

ツボ押しで体を刺激してみる

凝りや痛みには、体を動かして筋肉をほぐし、血流を促すのが一番の対策ですが、ツボ押しもおすすめです。触れられることは体にとって刺激。皮膚は刺激を脳に伝え、血液などの巡りがよくなったり、自律神経が整うなどの効果があります。

自分で調べてためしてみるのもいいですが、プロに施術してもらうのもいいものです。施術担当が異性なら、優しく接してもらうことで〝ときめき効果〟も得られるかもしれません。

9/29

ためす

推し活をしてみる

年をとったからといって趣味を変える必要はありません。もともと大好きなことは、やめずに楽しみ続けてください。

でも、没頭できるものがないなら、ヒントを探しましょう。格好をつける必要はありません。韓流アイドルが少し気になっているなら、そのアイドルのことを調べてみる。好きなのだから、楽しくて仕方がない。それが推し活の始まりです。推しに対する胸キュン、萌えは、脳を活性化させる特効薬です。

9/30

ためす

お尻を鍛えて瞬発系筋肉をパワーアップ

お尻の筋肉はウォーキングで鍛えられていると思われがちですが、グッと力を入れるなど瞬発系の筋肉は、意外と鍛えきれていません。

そこで、少し負荷は高くなりますが、お尻の筋トレをしてみましょう。

お尻には上半身と下半身をつなぐ重要な筋肉があります。鍛えることで腰痛を予防でき、姿勢がよくなり、座る、立つ、歩くといった日常の動作も安定します。

お尻引き締め筋トレ

1 仰向けになり、両ひざを90度に立てる。

2 息を吐きながら、ひざから肩のラインが一直線になるまでお尻を持ち上げていく。

3 お尻に力を入れて引き締め、息を吐きながら3～5秒キープし、最後に息を吐ききる。

4 息を吸いながら、ゆっくりとお尻を下ろす。これを10回ほど行う。

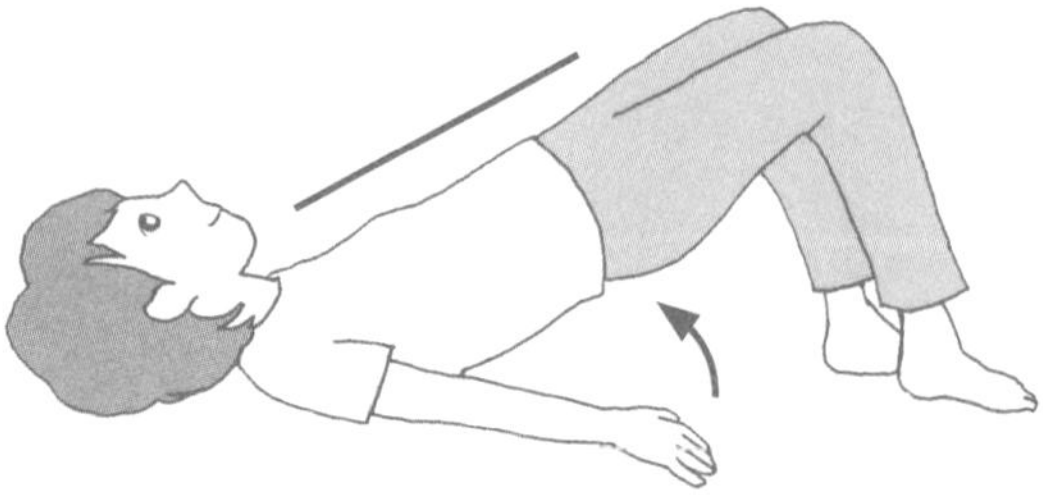

前向きになれる　オードリー・ヘップバーンの言葉

チャンスなんて、
そうたびたびめぐってはきません。
だから、いざめぐってきたら、
とにかく自分のものにすることです。
精一杯、頑張るのです。
何でも簡単には手に入らないのです。

オードリー・ヘップバーンは、子どものころからバレリーナを志していました。ところが、身長が170センチと高くなったせいで、バレエの道を断念。挫折感の中でも、彼女はミュージカルのオーディションに挑戦し、チャンスをものにして女優としての道を切り拓きました。

どんな人にも、どうにもならないことはあります。そんな中で訪れたチャンスを逃さず行動する。年を重ねたらなおのこと、何かをする、どこかへ行くなどのチャンスがあったら、逃さずにつかんでください。

そのチャレンジがあなたの人生を豊かにしてくれるはずですから。

参考：『オードリー・ヘップバーンの言葉 AUDREY』山口路子著（大和書房）

10/2

ためす

口癖を作ってみる「やらないよりはいいかも」

人間誰しも、気持ちが後ろ向きになることはあります。年を重ねて、思うようにいかないことも増えるとなおのこと。「こんなことしても意味がない」「どうしようもない」。そんな気持ちが出てくることもあります。

そんなときは、言葉の力で吹き飛ばしましょう。「やらないよりはいいかも」と口に出して、実際に行動するのです。

いざ動いてみれば、「どうしようもない」というのはただの思い込みだったと気づかされることがあるはずです。

すべてが完璧にうまくいかなかったとしても、動くことで気持ちが軽くなったり、楽しくなったりする。そうすれば結果的に「やってよかった」と思えるはずです。

思うだけではなく、言葉を口に出すことが大切です。

言葉には思考と行動に影響を与える力があります。口に出すことはある種の「引き寄せの法則」のような方法論ともいえるでしょう。

10月

10/3

学ぶ

知っておきたい医者選び②

かかりつけ医は相性のいい町医者がいい

年を重ねるにつれ、医者にかかる回数が増えるので、信頼できるかかりつけ医を見つけておくことが大切です。専門医ではなく、総合的にあなたを診てくれる町医者のほうがいいでしょう。

医者を選ぶ際のポイントは「こちらの話をよく聞いてくれるかどうか」。

パソコン画面に向かってばかりで、ほとんどこちらを見ない。話を聞かず治療法を押しつけてくる。このような医者にかかると、寿命を縮めかねません。

まずは、遠慮せず、こちらから質問、相談をしてみてください。たとえば、診察のときに医者から「もう大丈夫ですよ」と言われると、本当はちょっと気がかりなことがあるのに、なんとなく「はい」と言ってしまう人は意外と多い。本当はまだちょっと痛いのに……。

そんなときは、ためらわず、「まだちょっと痛いんです」と言ってください。そのとき、医者が丁寧に話を聞き、説明をしてくれたり、対処してくれたら合格です。でも、「いやいや、それくらいは大丈夫ですよ」と突っぱねてきたら、その医者とあなたは相性が悪い。かかりつけ医としては不合格といっていいでしょう。

10/4

ためす

フルーツ狩りに行ってみる

実りの秋です。フルーツ狩りに行ってみませんか？

外に出て太陽の光を浴び、植物や土に触れたり、腕を伸ばしてフルーツをもぎ取るのはいい運動です。実った果物のみずみずしさや重さを体感することは、まさに収穫の喜び。脳はその喜びを感じておおいに活性化します。初めて訪れる農園なら、旅の要素も加わり、ワクワク感も抜群。思いっきり童心に返って楽しみましょう。

フルーツはどれもいい香りがします。香りによって嗅覚が刺激されると、その信号は脳へ届き、過去の記憶を呼び起こしたり、自律神経に作用したりするのです。

香りによるリラックス作用もあるので、収穫後は香りも味も思う存分楽しみましょう。

ちなみに、フルーツが食べごろになると色づくのは、鳥や動物たちへの「食べて！」というメッセージ。見ただけでワクワクさせられるのは、そのためなのかもしれません。

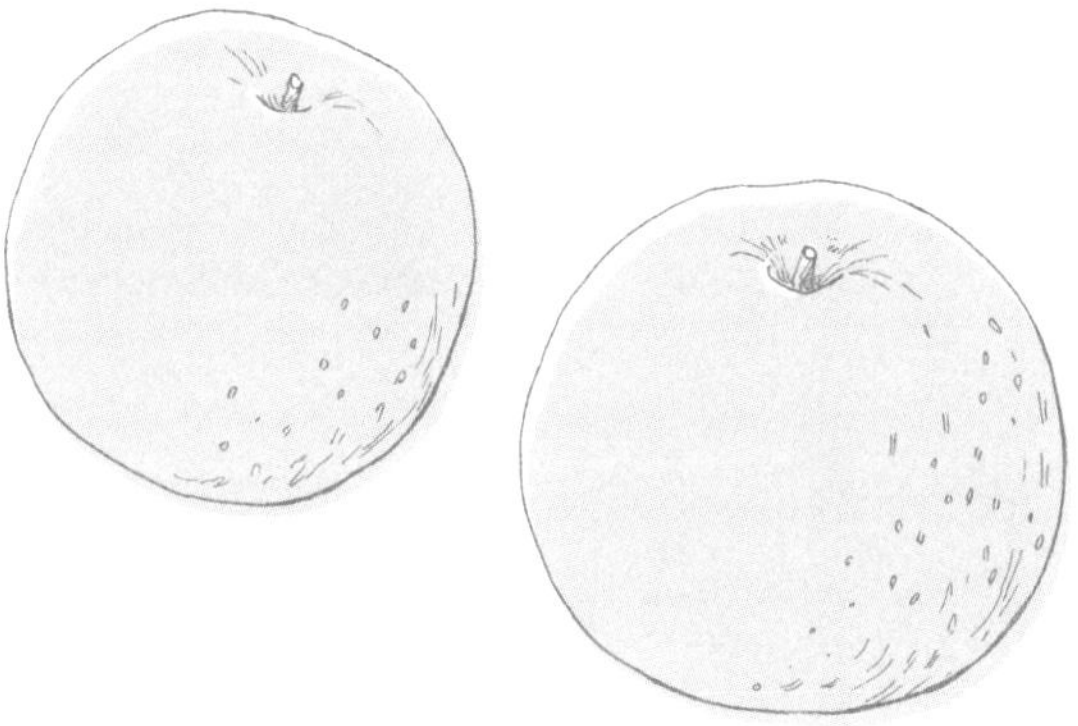

10/5

ためす

映画館で最高に刺激的な時間を過ごす

今の時代、インターネットの配信のおかげで、自宅で映画を観られるようになりました。

でも、やっぱり映画館で観る映画は特別です。大きなスクリーン、ステレオサラウンドの音、暗闇、かすかな緊張感、ポップコーンの香り、誰かの笑い声、泣く気配……。

昔、映画館に行った記憶が蘇ってきませんか？　映画館は、非日常の世界へ連れて行ってくれる場所。あらゆる感覚を刺激し、脳を活性化させる場所なのです。

「最近は観たい映画がない」なんて思わず、とりあえず行ってみてください。

映画はハマればとても奥深い趣味になります。いくつか観れば、好きな作品、監督、俳優が見つかるかもしれません。それが推し活につながり、映画のロケ地に行ってみたくなるかもしれません。

映画が好奇心を掘り起こし、行動するきっかけになれば、素敵なことです。

10/6

ためす

口癖を作ってみる「とりあえず」

「とりあえず」という言葉は、なんとなく適当なイメージがあるかもしれません。

でも、「とりあえず」の後には、たいてい「〇〇〇してみよう」がくっついてきます。

とりあえずは、行動を促す言葉なのです。

一方、「どうせ」はどうでしょう? 「どうせ」の後には、たいていネガティブな言葉がくっつきます。

「どうせ失敗するだろう」「どうせダメだろう」「どうせ無理だろう」「どうせ私なんて」と、決めつけて、勝手に暗くなっているのです。

口癖には人生観や物の見方が表れます。無意識に「どうせ」と言っている可能性もありますから、まずは自分の口から出る言葉を意識してみてください。

もし「どうせ」と言っていることに気づいたら、今日からは「とりあえず」に変換しましょう。

そうすれば、気持ちも明るく前向きになり、自然と行動力もアップするはずです。

10/7

ためす

嫌われてもいいと割り切ってみる

周りに合わせないと村八分になる。そんな時代は終わりました。もちろん、地域のお付き合いはあったほうがいい。でも、将来的に要介護認定されれば、近所の人に助けてもらわなくても、介護支援を受けることができる時代です。人目を気にしすぎたり、無理をする必要はありません。「嫌われてもいい」と割り切って思っていることを口に出してみてください。

たとえば、80歳を超えているけれど正常に車を運転できる。それにもかかわらず免許返納を迫られた話を聞いたなら、「高齢者に免許返納させるのは差別だ」と言ってみましょう。

賛同者や理解者がいたり、自分の発言がきっかけで議論が起こったら、言った甲斐があったというもの。嫌われるどころか、言いたいことを言える雰囲気が生まれていくはずです。

もちろん、感情に任せた発言や人を傷つける言葉は論外。人生経験豊富な年代ならではの冷静な言動が大切です。

10/8

ためす

骨董市で自分らしいお宝探し

骨董市はありとあらゆる古い物が並ぶ場所です。「骨董なんてよくわからない」と尻込みせず、訪れてみましょう。

骨董市は、自分の価値観をためす格好の場です。価値を決めるのは自分自身。自分がいいと思うものが納得できる値段で買えればそれでいい。他人にとってはガラクタでも、自分にとってはお宝。それでいいのです。

お店の人との会話は大事な情報源。積極的にコミュニケーションを取りましょう。

10/9

ためす

柿の新しい食べ方に挑戦する

柿は食べ方がマンネリ化しやすいフルーツではないでしょうか。「皮を剥いてそのまま食べるのが一番美味しい」という意見が多いからでしょう。

でも、本当にそうなのか、実験してみませんか？　レシピを調べてみたり、過去に食べた物をヒントにためしてみるのもいいでしょう。生ハムで巻く、みりんやメープルシロップでマリネ、バターソテーしてパンケーキに。イマジネーションを膨らませて楽しんでみてください。

10/10

ためす

秋の気分で選んでみる 紫とグレー、ためすなら？

今の気分で選んでみましょう。紫とグレー、どちらにしますか？

紫は情熱の赤と冷静の青、両方の性質を合わせ持ち、セクシーな雰囲気もあります。

グレーは控えめで上品、調和性が高く、周囲の色を引き立たせることができる色です。

選んだ色を身につけた日と、もう一方の色を身につけた日で気分の変化をためしてみましょう。まったく変化がなくても、それも新発見ということです。

10/11

ためす

鍋炊きで最高に美味しい 新米ごはんを炊く

新米が出回る季節です。いつも炊飯器で炊いているなら、たまには鍋で炊いてみませんか？

炊飯器では、手間は省けるものの、脳への刺激は薄れます。

鍋炊きでは、米を洗い、新米だから水加減を少なめに調整。火にかけて沸騰してきたら火加減を調整する。ごはんが炊ける香りを嗅ぎながら蒸らす。

様子を見ながら細やかに調整していくのは、脳にとって嬉しい作業。もちろん、食べたときの嬉しさもひとときわです。

10/12

ためす

スポーツを生観戦してみる

スポーツの魅力は、先が読めないストーリーです。

予想外の展開、選手のひたむきな姿、驚きのスーパープレーなど、筋書きのないドラマが人々の感動を呼ぶのです。

もちろん、テレビや配信で観ても感動するでしょう。でも、その場に行って、生で観戦するほうが断然刺激的！　一緒に観ている人たちが一斉に息を呑む様子、興奮、歓喜、思いきり悔しがる様子は、その場にいてこそ体感できます。

応援していたチームや選手が勝ったときには、ハイタッチをして、ときには抱き合って、周囲の人と喜びを分かち合いましょう。

何度も言いますが、脳の前頭葉はいつもと違う物事に反応します。スポーツ観戦のために訪れたスタジアムや体育館、そして競馬場も非日常的な空間です。

その場所に行くだけで、ワクワクしてくるのを感じられるはず。そのときすでに脳もワクワクと働いているのです。

10月

10/13

ためす

「足パカ体操」でぷよぷよ腹を引き締める

座っている時間が長い人は、お腹や太ももの内側の筋肉がなまけがちです。

お腹がぷよぷよしてきた、太ももがたるんできた……気になったら、「足パカ体操」をしてみてください。

筋肉はなんとなく動かすより、意識して動かしたほうがトレーニングの効果が上がります。お腹の筋肉、太ももの内側がしっかりと使われていることを意識しながら動かしていきましょう。

足パカ体操

1 仰向けになり、両ひざを立て、両手は頭の下で組む(手は左右に開いてもOK)。

2 両足を床に対して垂直になるように上げ、ひざが軽く曲がった状態で両足を閉じる。

3 太ももの内側が少し痛くて気持ちいいと感じるまで両足を開き、再び両足を閉じる。1秒で開き、1秒で閉じるテンポで行う。これを15回行う。

10/14

ためす

観察したことを俳句で表現してみる

10月14日は正岡子規の誕生日です。正岡子規は、明治時代を代表する俳人であり歌人。俳句の世界に、伝統を踏まえつつ革新をもたらしました。

子規が生み出したのは「写生」という方法。物や風景をよく観察して、その様子を17文字の中に写し取るのです。

夏草やベースボールの人遠し

柿くへば鐘が鳴るなり法隆寺

子規は、手帳と鉛筆を持って歩き、俳句を詠んだそうです。そうしてできた句を、「平凡だけれど垢抜けた句ができた」「平凡な景色を前にして平凡な句を詠んだ」と驚き、喜んだそうです。

手帳と鉛筆を持って家から飛び出すことの意義とはこういうことでしょう。

上手な俳句を詠むことが目的ではありません。自分が驚き、喜ぶことこそが大事なのです。

10/15

ためす

名前のない料理を作ってみる

肉じゃが、照り焼きチキン、ハンバーグ、餃子、麻婆豆腐……。世の中には名前のある料理があふれています。

ならば、まだ名前のない料理を作ってみましょう。そして自分がその料理に名前をつけるのです。

ベースが肉じゃがだったとしても、そこに生クリームが入ったらそれは新しい料理です。照り焼きチキンだって、甘辛醤油味ではなく、ナンプラー味にしたら、それはきっと新しい料理！ゼロから作らなくても、ちょっとしたアレンジをするだけで、定番とは違う新しい料理が誕生するでしょう。

新しいアレンジをするには想像力やアイデアが必要です。さらに名前をつけるのにも、頭はおおいに働きます。

ひらめき、知識、センスを総動員して、考えてみてください。これだ！という名前が出てきたら、その瞬間、脳の広範囲が一斉に活性化していることでしょう。

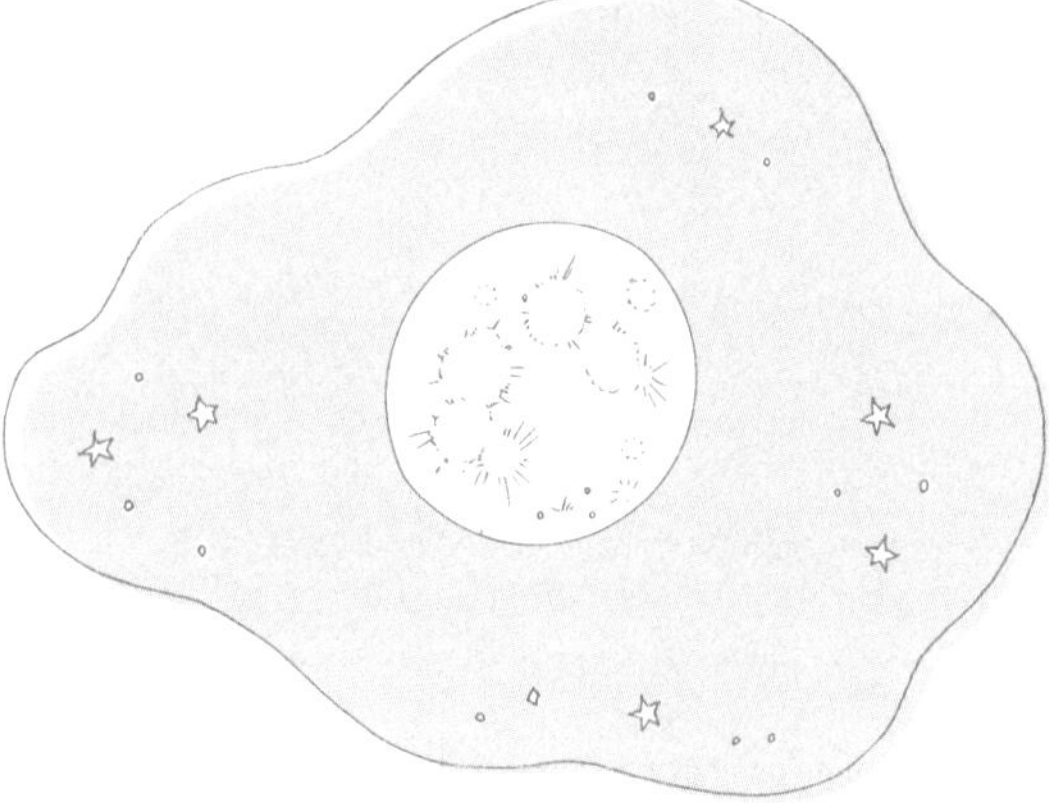

10/16

ためす

10月

十三夜《じゅうさんや》の月を眺める

旧暦の9月13日は「十三夜」と呼ばれ、「十五夜」の名月と並ぶ、お月見の日です。現代の暦でいうと、年によって変わりますが、10～11月に十三夜がやってきます。

十五夜は、台風や秋の長雨の季節にあたるため、曇って見えないことがありますが、十三夜はほぼ晴れることから「十三夜に曇りなし」という言葉もあるほど。月見日和になることが多いので、十三夜の日をチェックして、月を眺めてみましょう。

十三夜の月は、ほんの少し欠けた栗のような形。昔の人は、その少しだけ欠けた月を、「美しい」「風情がある」と言って愛でたのです。

また、十五夜と十三夜、どちらかの月を見ないのは「片見月《かたみづき》」と言って、縁起が悪いとさえ言っていたほど、昔の人は月を見ることが楽しみだったようです。今も昔も身近な楽しみは、心身を健やかにするためにも大切なことだったのかもしれません。

10/17

ためす

行ったことのない県に行ってみる

日本国内で、まだ行ったことのない県はありますか？

まずは、行ったことのある県を書き出してみましょう。行ったときのことも併せて書き出すと、記憶を辿り、言語化するために脳の広範囲が活性化します。懐かしい気持ち、楽しかった記憶、美しかった景色、美味しかった味、匂いなど、さまざまな感覚が蘇ってくるでしょう。

まだ行っていない県が具体的に見えてきたら、今度はどの県へ行ってみたいかを考えましょう。行ってみたい場所、食べてみたいもの、楽しいことを想像するだけで、脳内では快楽物質のドーパミンが分泌されます。

計画を立てるだけで、脳はフル稼働。実際に訪れたら、新しいことを体験するたびに脳の前頭葉は刺激を受けて、ますます活性化するでしょう。

10/18

ためす

サプリメントの力を借りてみる

サプリメントを活用する人が増えてきました。でも、一方で、「栄養は食事で摂るのが一番。サプリなんてダメだ」という考えもあります。

もちろん、どちらを選ぶかは自由です。しかし、どちらが自分の心身にとってよいかを知ることには、意味があります。

たとえば、動脈硬化予防にDHA・EPAを摂ろうとして、魚嫌いの人がいやいや魚を食べるのは強いストレスです。我慢をして食べ続けることで、かえって健康を害するかもしれない。そんなことになるくらいなら、サプリメントで手軽に補うほうがはるかに体にいいとも考えられます。

何が体に合うかはひとそれぞれ。そのときの体調によっても変わります。自分自身でためしてみるといいでしょう。

苦手な魚を食べるのをやめて、サプリメントをためしたら、格段に体調がよくなるかもしれません。それは、自分自身にとって大きな発見です。

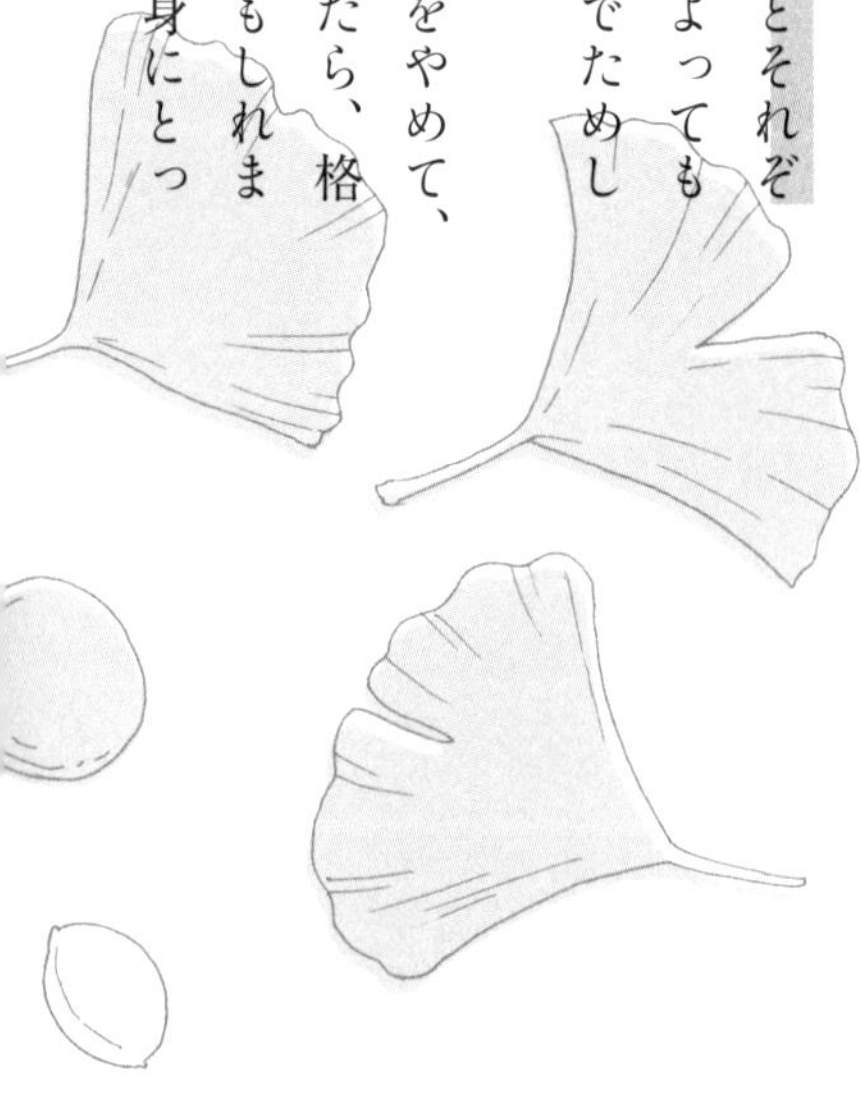

10/19

ためす

ツウを気どって新蕎麦を食べに行く

新蕎麦の季節です。「食べたい！」と思ったら、迷わず食べに行きましょう。蕎麦にはうんちくやツウな食べ方もたくさんあります。たとえば、つゆに浸すのは麺の先だけ。勢いよくズズッとすする。薬味はつゆに入れず麺にのせる。

せっかくですから、ツウな食べ方をためしてみましょう。いつもより美味しいと感じたら、それもよし。ただツウな気分を味わえただけだったとしても、それもよしです。

10/20

感じる

10月の和風月名は？暦の言葉で感性磨き

10月の和風月名は「神無月」です。

10月になると、日本中の神さまたちが縁結びの相談をするために、出雲大社に集まります。そのため、各地では「神さまがいなくなる月」であることから「神無月」になったと言われています。

他にも、冬の初めという意味の「開冬《かいとう》」、10は満ち足りた数とされることから「良月《りょうげつ》」、通り雨が多いことから「時雨月《しぐれづき》」などの異名もあります。

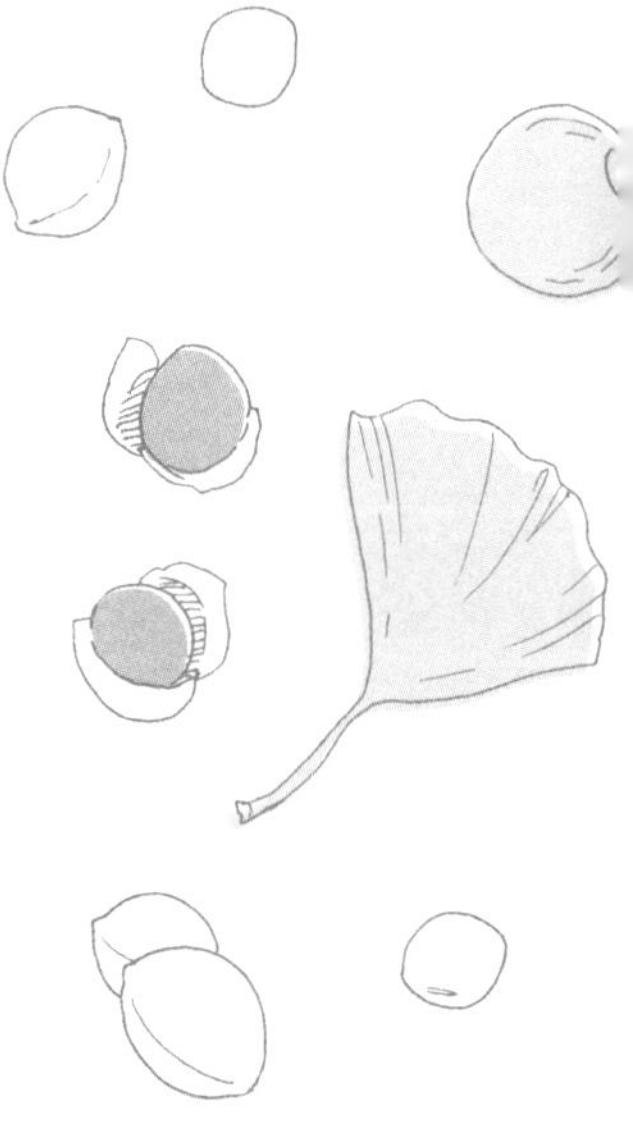

10/21

ためす

金《きん》木《もく》犀《せい》の花を集めてみる

金木犀の花の香りは秋の深まりを知らせてくれます。おそらく多くの人が、秋になると甘い金木犀の香りを嗅ぐでしょう。

金木犀の花が咲くのは、わずか1週間ほど。普段はその木が金木犀とは気づきませんが、花が咲く1週間だけ「あ、金木犀」と気づいてもらえるような気がします。

わずか1週間しか楽しめない、オレンジ色の小さな花を少し集めてみませんか？　持ち主の許可を得られたら花だけを少しいただきます。

持ち帰った花は、どう使うかを考えてみましょう。きれいに洗ってから、中国茶にブレンドしてみたり、ティーバッグに入れてお風呂に入れてみたり、花を消毒用アルコールに浸しておけば、金木犀の香りのアロマスプレーにもなるでしょう。

ささやかですが、工夫とアイデアがあれば楽しみを膨らますことは可能。一年に一度しかない季節の楽しみは、逃さずにキャッチしたいものです。

10/22

ためす

湯治に行って免疫力アップ

温泉は古くから療養、治療に活用されてきました。「湯治」という言葉があり、今では「温泉療法専門医」もいます。

温泉には、大きく分けて3つの効果があります。

❶温まることや浮力、水圧などによる「物理的効果」

❷含有成分が吸収されることによる「化学的効果」

❸いつもと違う環境に行くことによる「転地効果」

この3つが複合的に作用しているということです。

❸の「転地効果」には、旅と同じ効果があります。日常を離れることで気分がリフレッシュするのです。

また、心地よい程度の温泉に浸かって温まることで副交感神経が優位になり、リラックスモードへと切り替わります。幸せホルモンのセロトニンが分泌され、ストレスは減り、免疫力も高まる。温泉旅は、まさにいいこと尽くしなのです。寒い季節の始まりに湯治計画を立ててみてください。

知っておきたい噛む大切さ

噛むことで認知症は防げる

「噛む」ことの重要性は、たくさんの研究によって明らかにされています。

「残っている歯の数」と「認知症の発症率」には、密接な関係があることがわかっています。

70歳以上の方を対象にした調査によると、「脳が健康な人（認知症ではない人）」の歯の数は、平均14・9本、一方、「認知症の疑いあり」の人は平均9・4本。

歯があると、アゴの咬筋《こうきん》を使って噛むことができます。咬筋を動かしたことによる信号は、大脳や扁桃体など、脳の中でも認知機能を司る部位を刺激し、血流が増えます。

さらに、噛むことで歯の歯根膜《しこんまく》（歯と骨の間のクッションのような部分）に圧力がかかり、それも信号として脳に伝わり、脳を刺激します。

つまり、噛むことは脳の活性化につながる。逆に、噛む回数が減ると、認知機能が低下していくというわけです。

年をとっても健康な歯があり、しっかりと噛むことができる。それは認知症予防だけではなく、栄養補給においても、また、食べる楽しみにおいても、とても大切なことです。

1月17日の頁では歯周病について解説していますので、そちらも参考にしてください。

10/24

ためす

こまめに噛んで脳を刺激する

前頁で解説したように、噛むことは脳にとってよい刺激です。噛むだけでいいわけですから、日常生活の中でこまめに実践しましょう。

現在歯が悪いなら、噛む力が低下し、噛む回数も減っている可能性が高いと言えます。まずは、歯科医と相談してよく噛める状態に整えることが先決。

そのうえで、噛み応えのあるものを取り入れてみましょう。下記におすすめの食べ物を紹介します。

噛むトレ・おすすめの食べ物

- ガム
- イカ、タコ
- するめ、さきいか
- 生野菜、根菜
- たくあん、白菜漬けなど
- 油揚げ
- 昆布
- きのこ
- 海藻

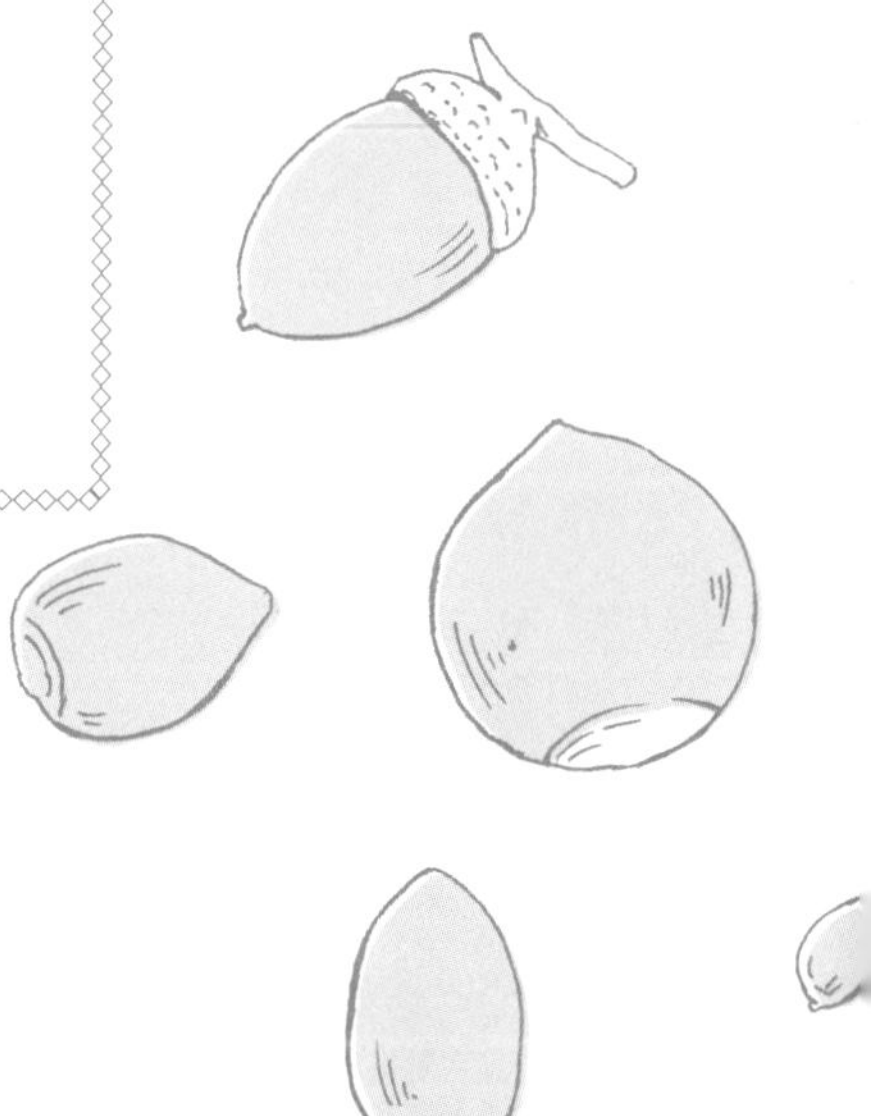

10/25

ためす

整理整頓のルールを自分で決めてみる

「整理整頓しないといけない」「きちんと片づけていないといけない」。そんなルールはありません。

高齢になったら、生活の中のルールは自分で決めていいんです。世の中の風潮が「清く正しく美しく」だったとしても、自分が楽しく快適に過ごせれば、それがいいのです。

コレクター癖、おおいに結構。好きな物を集めることは脳がワクワクする行為です。物に対する愛情も大事なことです。

10/26

ためす

口癖を作ってみる「それもそうね」

自分が言ったことに対して、相手が自分の思うような反応をしてくれるとは限りません。

そんなとき、いちいち腹を立てるのは自分の精神的にもよくありません。人間関係が悪くなることもあります。

だから、そんなときは「それもそうね」と言ってみましょう。このひと言でネガティブになりそうな気持ちは、案外楽に切り替えることができます。

感情をコントロールすることも、大切なことです。

10/27

ためす

足を止めて秋の夕日を眺める

清少納言も言っています。

「秋は夕暮れ。夕日のさして山の端《は》いと近うなりたるに、烏の寝どころへ行くとて、三つ四つ、二つ三つなど飛び急ぐさへあはれなり……」

今も昔も、秋の夕日は格別です。力強く、温かく、そして包み込むように優しい。夕日には、人の心を揺さぶる力があるようです。

夕日がきれいな日は、足を止めて気が済むまで眺めましょう。感動して鳥肌が立つ、思わず涙が出る、ただただ眺めてしまった、興奮してスマホでたくさん写真を撮った。全部、脳が活性化した証です。

感動することで、幸せホルモンであるセロトニンの分泌が促されているはずです。

もし仕事や家事の途中だったとしても、窓から夕日が見えたら、1分、10秒、夕日を眺めてみてください。ほんの少しの時間でも、疲れが癒やされ、前向きな気持ちで再び仕事や家事に取り組めるでしょう。

10月

10/28

ためす

知識を総動員して面白い話をしてみる

これまでの人生で積み重ねた知識や経験は、何ものにも代えがたい宝物です。隠し持っていてはもったいない。これからは、オープンにそれらを大放出していきましょう。

とはいえ、知識をそのままひけらかすのは、「つまらない年寄りの説教」と思われても仕方がありません。今の時代、スマホで検索すれば、サクッと情報を得られるのですから当然です。

だから、持っている知識を面白くオリジナル加工して、他の人に披露するのです。

認知心理学においては、知識が多い＝頭がいい、ではありません。知識を使って推論したり、加工して活用することが頭のよさであるとされています。

人と違う発想を加えてみたり、違う角度からアプローチしたり、自分の体験を盛り込んで話したりするのです。

そこには必ず自分の意見や感想が加わります。自分の感性や考えを見つめ直すきっかけにもなるでしょう。

10/29

ためす

ゆっくりと今日を生きてみる

60歳を過ぎても、仕事を続けている人が多い時代です。そのせいか常に「しなければ」と、追いかけられているような気持ちになることも多いでしょう。

すでに仕事を辞めたり、控えていても、真面目さから「しなければ」となりがちです。

時間がある日は、「しなければ」から解放されて、ゆっくりと今日を生きてみましょう。

70歳、80歳を過ぎたら、毎日それでいい。気の向くままに生きていけばいいのです。

10/30

ためす

ハロウィンは仮装でお出かけする

明日はハロウィン。もう年だから、恥ずかしい……なんて思わず、思いっきり楽しんでみてください。

衣装を手作りしたり、化粧で遊んだり。１００均のアイテムを活用するなど、工夫して楽しむことは脳の活性化にもぴったりです。

家族や近所の友だちをさそって、みんなで仮装して地域のイベントに参加したり、撮影会をして盛り上がるのもいいかもしれません。

10/31

ためす

自分のホロスコープと向き合ってみる

3月4日の頁で、「占いを信じたらどうなるか？」という実験を提案しました。今度はもう少し本格的な「ホロスコープ」を見てみませんか？

「ホロスコープなんて信じられない」と思うなら、それこそチャンスです。

ホロスコープは、自分が生まれた瞬間の天体の配置を表すものです。誰でも自分だけのホロスコープがあります。

ホロスコープの結果を見たら、色々な感情が湧いてくるはずです。「当たってる」「そんなわけないじゃん」「そういうことだったのか」。信じる、信じないの問題ではなく、自分自身のことを客観的に考えるきっかけになるでしょう。

ホロスコープは、生まれた場所と年月日、時間がわかれば誰でも作ることができます。インターネット上で作成、分析することができるので、気楽にためしてみましょう。ちょっとドキドキするのも脳にとっては素晴しい刺激です。

11/1

ためす

めいっぱい秋を感じる魚介の一皿を

秋も深まり、美味しい魚介がたくさん出回ります。脂がのった秋鯖、秋鮭、筋子、秋刀魚と書いてサンマ、魚偏に秋と書いてイナダやカジカ。

普段、あまり魚介を食べないなら、いい機会だと思って食べてみてください。

美味しそうなお刺身を見つけたら買ってみる。丸ごとのイナダはお手頃価格で買えることも多いので、思い切って自分でさばいてみるのもいいでしょう。1尾あれば刺身、塩焼き、フライ、アラやカマは潮汁でも楽しめます。

魚をさばく作業はとてもアナログ。手順を考え、様子を見ながら加減しつつ包丁を進めるのは、とても脳を使う作業です。

失敗したら考えるチャンス。きれいにさばけなかった身をタタキにしたり、つみれにしたり、工夫をすれば新しい料理に発展するかもしれません。

面倒臭いという気持ちのストッパーを外して「手間」という楽しみを満喫しましょう。

11/2

感じる

季語で秋を感じる「木の実しぐれ」

雨が降っているわけではないのに、コツコツ、ポツポツと音がする。何かと思ったら木の実が落ちて、屋根や地面に打ちつけられている音だった。そんな経験はありませんか？

風が強い日に、山道を歩いていると、頭上からドングリなどの木の実が降ってきて頭に当たり、「痛い！」と走って逃げる。そんな山の光景も、秋の風物詩です。

「木の実降る」は秋の季語。「蝉しぐれ」が止んだと思ったら、今度は「木の実しぐれ」。季節の移ろいは、時にせわしなくも感じられます。

公園などを散歩していて、ドングリがたくさん落ちていたら、そこは木の実しぐれが降った跡です。

冬に向かってかけ足で過ぎていく秋を、全身で感じましょう。

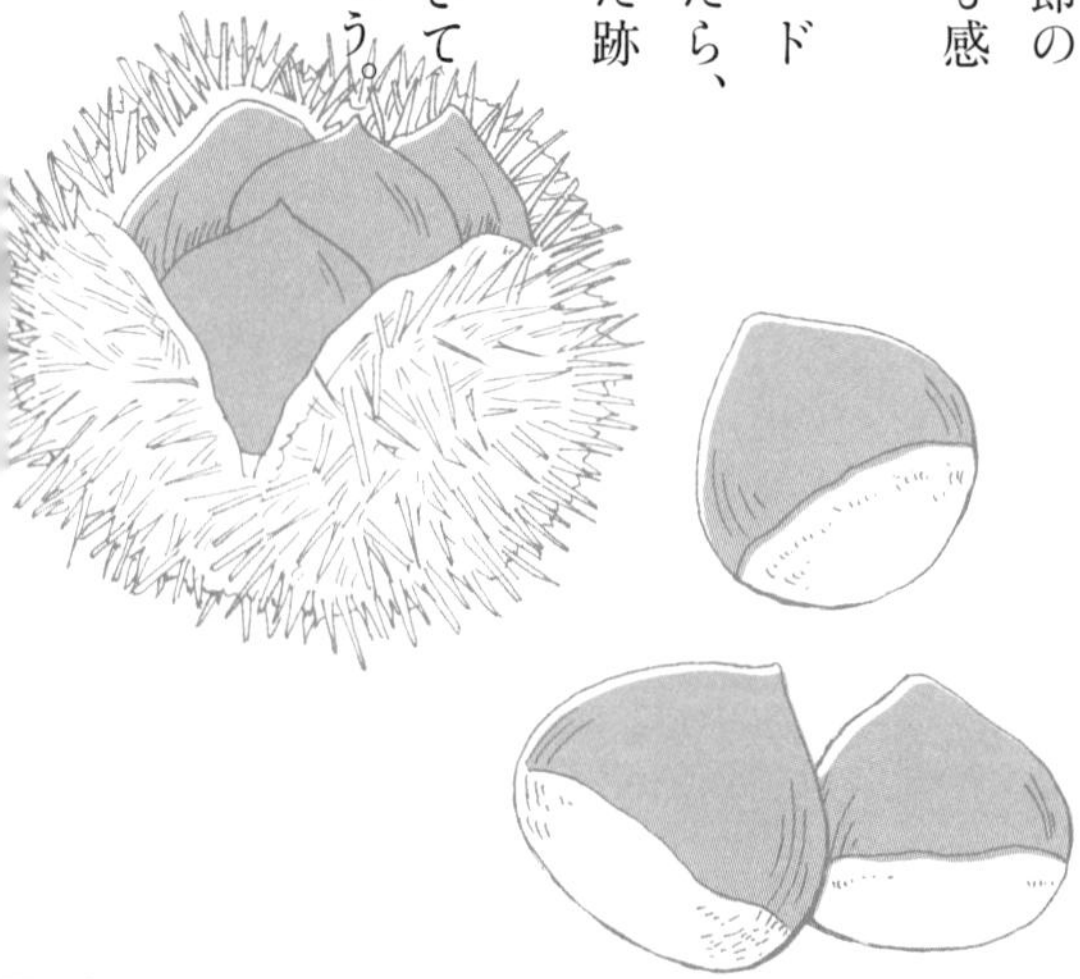

11/3

ためす

アートの力で心を若返らせる

11月3日は文化の日。美術館や博物館などが無料で開放されることがあります。情報をキャッチして、気楽に足を運んでみましょう。

「アートも美術もよくわからない」なんて思い込みは捨てて、とにかく行ってみることが大切。作品以外からも、刺激を受けることはたくさんあります。

たとえば、画家の人生を知ることもそのひとつです。画家、マティスの作品を観たなら、マティスがいつどんなときにその作品を描いたのかを調べてみてください。

そうすれば、がんをわずらい、手が動かなくなったマティスがいかにして、作品を生み出したのかが見えてきます。そこからまた感動や刺激が生まれることも多分にあるはずです。

思い込みで拒絶するのではなく、感じようとすることはとても大切です。そうして、前頭葉を活性化させていくことが「心が若返る」ことにつながるのです。

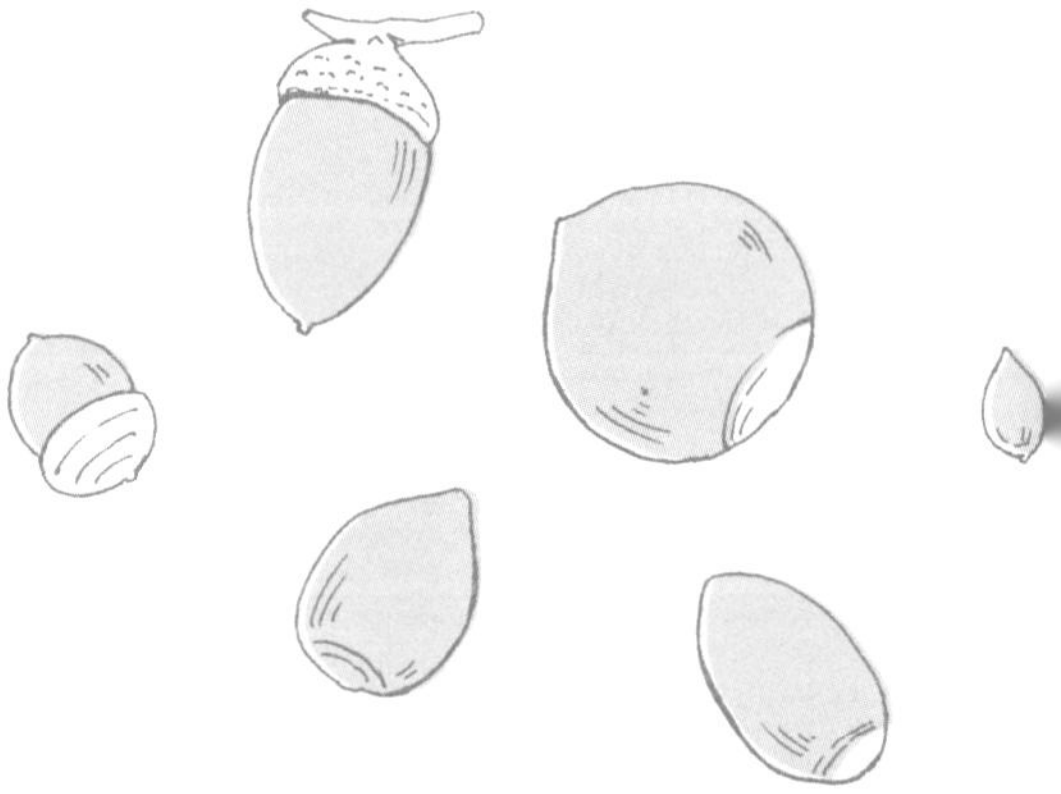

11/4

ためす

考えを変えることを恐れない

人との関わりの中でよくあるのが、「あの人、この前はこう言っていたのに、違うじゃん」ということ。意見や信念が変わる「変節」です。

日本では、一度決めたら変えることをよしとしない風潮があります。違うと思ったら変える、やってみてダメなら変える、ということがなかなかできない。だから、政治しかり、景気対策しかり、ドン詰まりまでいってしまうことが多いのです。

違うと思ったら、恐れずに意見を変えていきましょう。たとえば、「以前、補聴器はイヤだと言ってしまったから、もう言いにくい」なんて遠慮はいりません。「昔は、経済格差があったほうが生産性が上がると思ったけれど、実際に格差が広がったら、ろくなもんじゃないことに気づいた」。おおいにけっこうなことです。

周囲に流されるのではなく、自分の考えとして素直に言えるなら、その清々しさはとても魅力的なのです。

11/5

ためす

ラジオに投稿してみる

今、ラジオブームが再燃中です。リスナーとの距離が近く、コミュニケーションメディアとしての魅力が、人気を集めているのかもしれません。

ためしにラジオを聴いてみてください。今の時代、ラジオはネット配信でいつでも聴くことができます。聴いてみて面白いと感じたら、ぜひ投稿コーナーに投稿してみてください。ユーモアやセンスをためすつもりで投稿してみれば、採用されたときの嬉しさもひとしおでしょう。

11/6

ためす

バス旅でちょっと冒険

テレビではバス旅番組が人気のようですが、バス旅は自分で行くからこそ楽しいものです。だから、テレビを消して、バス旅に出ましょう。

地元周辺を走るバスなら、適当に乗り継ぐのもスリリング。

いつもの道も、バスの窓からでは景色の見え方が変わり、フレッシュな気分を味わえます。

ちょっと遠出するなら、しっかり計画を立てて。行った先で新しい経験ができれば、脳への刺激はますます高まります。

11/7

学ぶ

『論語』に学ぶ、行動することの大切さ

学びて思はざれば
則《すなわ》ち罔《くら》し、
思ひて学ばざれば
則ち殆《あやう》し。

「本を読んで勉強するだけで自分で考えないと、本当の知識は身につかない。自分で考えるだけで師から学ばなければ、独断に陥る恐れがあり危険である」という意味です。

賢い人でいたくて、熱心に本を読み、知識を蓄える高齢者の方がたくさんいます。日本では長い間、物知りな人が賢いとされてきたからです。

でも、その知識は本当に役に立つのか、考えてみてください。得た知識を納得できるまで考える。「本当だろうか？」と、ためしてみる。そうして初めて知識は役立つものになるのです。

会話が弾まない、人に好かれない、人間関係がうまくいかない……。そんなとき、知識だけで動いていないか、知識が独断に陥っていないか、立ち止まって考えてみましょう。

11月

11/8

ためす

秋の色をテーマに写真を撮る

秋の色とはどんな色でしょうか。思い浮かぶ色は人それぞれ違うはずです。天気や気分によっても変わるでしょう。

そんな色を意識して、今日は撮影散歩をしてみてください。

家族や友だちを誘って、一緒に散歩をしながら、それぞれ自由に写真を撮るのです。一人ではなく、誰かと一緒に楽しむことで、競うわけではありませんが張り合いが出て、脳への刺激も高まります。

散歩が終わったら、お茶でもしながら撮った写真を発表し合うのがおすすめです。

どう思って撮ったのか、言葉にして説明をすることも大切です。「へぇ～、なるほど！素敵！そういう見方もあるのか」と思わされることがたくさんあるでしょう。

普段よく接している身近な人にも、知らない一面はあるものです。自分とは違う感性に触れるのはとても刺激的なこと。散歩の効果もあって、きっといい日になるでしょう。

11/9

ためす

泣ける映画やドラマで心のデトックスを

泣くという行為は、本来原始的な感情です。だから、悲しくて泣くのは赤ちゃんが泣くのと同じことです。

でも、感動して泣くのは違います。感動して泣くことは人間らしい思考に関わるレベルの高い感情。前頭葉が働くから、感動して泣けるのです。

そこで実験してみましょう。映画やドラマを観て、感動の涙を流してみるのです。

映画やドラマを観ると、感情移入したり、過去の自分の経験が掘り起こされたり、脳の中ではあらゆる働きが行われています。

感動し、涙を流すことで、ストレスホルモンと呼ばれるコルチゾールの分泌が抑えられ、オキシトシンや幸せホルモンのセロトニンが分泌されます。

そのため、泣き終わった後は優しい気持ちやスッキリした気持ちになれるのです。

涙は心のデトックス。たまには思う存分涙を流すのもいいものです。

11月

11/10

ためす

ふくらはぎの筋肉を鍛えて歩く力を安定させる

ふくらはぎ（下腿三頭筋）は、血液をポンプのように押し上げて心臓に戻す働きがあることから、「第2の心臓」と呼ばれています。

立っている姿勢に欠かせないので、鍛えることで安定して歩く力がキープができます。

まずは、筋トレの前に、ふくらはぎの「筋肉やせチェック」をしましょう。椅子に座り、前屈みになって両手の親指と人差し指でふくらはぎの一番太いところを囲ってみてください。

①
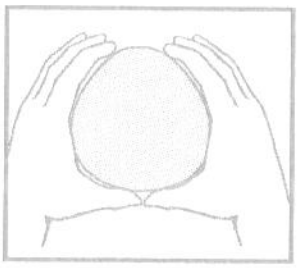

②
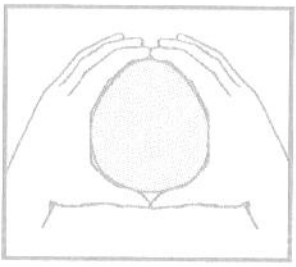

③
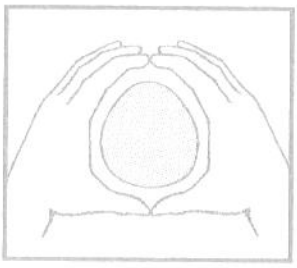

診断結果はこちら

①指先がつかない
↓筋肉やせはほぼなし

②指先がぴったりつく
↓筋肉やせリスクは2・4倍

③指先がついてふくらはぎとの間に隙間ができる
↓筋肉やせリスクは6・6倍

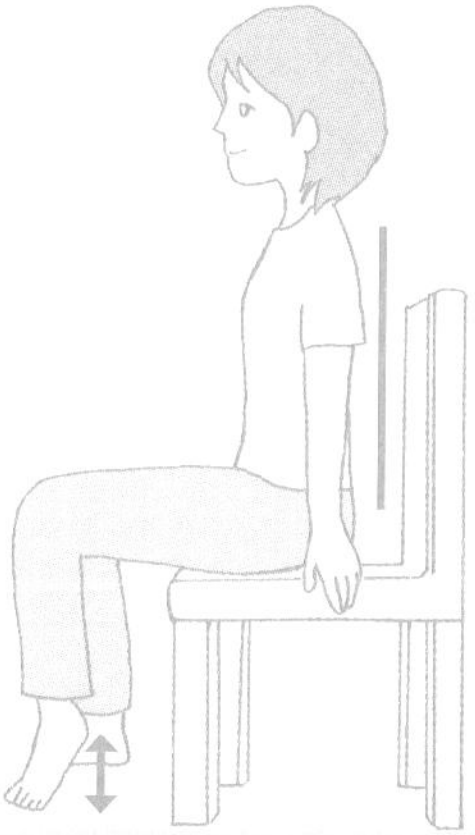

かかと上げトレーニング

1 椅子に座り、足を腰幅に開く。手を椅子に添えて背すじを伸ばす。片足のかかとをゆっくり上げ、息を吐きながらゆっくり下ろす。

2 反対の足も同様に行う。これを交互に16回ずつ行う。

11/11

学ぶ

11月

知っておきたいお金のこと

お金に関する支援制度を知っておく

老後資金が足りないかもしれない、暮らしていけないかもしれないという不安は、皆が抱えています。2019年、追い打ちをかけるように報道されたのが「老後資金2000万円問題」。この金額は大雑把な計算、大きな勘違いによるもので、ほとんどの人に当てはまらない金額です。かなりの贅沢を続けたいのでなければ2000万円を貯める必要はないのです。

必要なお金は人それぞれ。老後の暮らしを具体的に考え、必要なお金を計算してみましょう。そうすれば、不足額が見え、退職後は月5万円のバイトをしようなどと計画を立てられるでしょう。

もちろん、この先、何があるかわからないと心配になってしまう気持ちもわかります。

しかし、日本にはセーフティーネットになる制度があります。介護が必要になったら介護保険を使えばいい。働くこともできず、どうしてもお金が足りなくなったら、生活保護を受けることもできます。

こうした助けになる制度を受ける権利は誰にでもあります。いずれも自己申告制です。自分で手続きをすることで利用できるので、調べておいてください。それが安心につながるなら、なおのことです。

11/12

学ぶ

知っておきたい介護のこと

介護の不安は早めに窓口で相談を

介護の相談をしたいときは、地域包括支援センターを訪ねましょう。原則として、ひとつの市区町村に1か所以上設置されています。

地域包括支援センターは、「地域の高齢者が、住み慣れた場所で、自分の暮らしを人生の最後まで続ける」ための相談に対応する公的機関です。

社会福祉士、保健師、主任ケアマネジャーなどの資格を持つ相談員がいて、「介護保険や保健・福祉サービスの紹介、利用手続きの援助」や、「介護をする家族への支援」「介護予防事業の紹介」などに関する相談に応えてくれます。

相談、情報提供は無料ですから、家族と一緒に早めに話を聞いておくといいでしょう。

介護保険の介護サービスを利用するには、「要介護認定」を受ける必要があることを覚えておいてください。認定を受けるためには、

❶本人またはその家族が自治体の窓口に申請

❷本人が自宅などで「認定調査」を受ける

❸「主治医意見書」を提出

いずれにしても、申請手続きが必要です。いざというときにスムーズに助けてもらうためにも、早めに家族とも話をしておくといいでしょう。

11月

11/13

ためす

ポッドキャストを聴いてみる

ポッドキャスト（Podcast）とは、インターネットで配信された音声や動画を、スマホなどで視聴できるサービスです。

無料のアプリが色々あり、ほとんどの番組が無料で視聴できるのも嬉しい点です。

番組内容はとても多彩。好きな人、好きな分野の番組もいいですが、これまで触れてこなかった分野や人物の番組こそ聴いてみると面白いものです。知らなかった考えや感性に触れるきっかけになるはずです。

11/14

ためす

当たりもハズレも毎日楽しんでみる

人生は選択の連続です。ある意味ギャンブル。もう一方を選んでいれば……なんて悔やんでも仕方がありません。

たとえば、奮発して買ったワインが期待ハズレでも、行列のできるラーメン店のラーメンが美味しくなかったとしても、後悔なんていりません。ためしたおかげで、ハズレにも、当たりにも出会えるのですから。

日常のハズレを楽しみ、当たりを求めて次の行動に移すことができれば、実験の連続である人生はより豊かなものになるでしょう。

11/15

ためす

仕舞い込んでいた服を発掘する

人生は壮大な実験。新しいこと、初めてのことにチャンレンジしようと提案していますが、新しいものじゃなくても楽しめることはたくさんあります。

　もう何年も仕舞い込んでいた服を久しぶりに着てみるのも、新しいチャレンジです。「自作古着」「自分ビンテージ」とでも言いましょうか。年を重ねてなんとなく着なくなった服が、数十年後に着こなせたら、それはとても素敵なことです。

ちょっと手直ししてみたり、着こなしに工夫をしてみたり。アイデア次第で復活するかもしれません。そんなことを考えて作業する時間は、脳にとってもとてもいい刺激です。

　ファッションは自分を表現するもの。自分はこうありたい、自分はこれが好き、を服で表してみてください。

　自分で表現した自分に、脳はビビッと反応し、みるみる活性化するでしょう。

11/16

ためす

心を広く、他人に優しくする

人間は、感情的になると、自分でも思いもよらない言動を取ってしまうことがあります。

他人のミスにカッとなって怒ってしまう。でも、いざ自分が批判されると、間違っていることを認めない。まさに「他人に厳しく、自分に甘い」。そんな状態です。「自分はなんて心が狭いんだろう」と後悔してしまうこともあるでしょう。

こんなイヤな人にならないためには、心に余裕を持つことが大切です。そして、「間違いは誰にでもある」と素直に認めること。

そうすれば、他人のミスにも「気にしなくていいよ、私だってしょっちゅう間違えるんだから」という言葉が笑顔とともに出てくるでしょう。

心を広く、他人に優しく。年をとったからというわけではありませんが、嫌われるより好かれていたほうが、断然得で、幸せです。

11/17

ためす

エネルギーをもらいに市場に行ってみる

市場は常に新鮮な気分になれる場所。産直市場や漁港の市場、定期的に行われる朝市などを訪れてみるといいでしょう。

新鮮な魚介、収穫されたばかりの農産物のパワーはあらゆる感覚を刺激してくれます。初めての食材に出会ったら、ぜひ買ってみましょう。どうやって食べようかと考えるだけでも、脳はワクワクしています。

お店の人との会話や、行き交う人たちの笑顔もいい刺激になるでしょう。

11/18

ためす

家でできる趣味をみつける

50代、60代はまだアクティブに行動できますが、10年後、20年後には、どうしても行動範囲は狭くなってきます。そうなったときに「やることがないなんて、情けない」と落ち込む人が案外多いようです。

長生きをすれば、いつか隠居生活がやってきます。そのときに備えて、のんびりと家で楽しめる趣味を見つけておきましょう。絵や手芸、ぼんやりと眺めるだけで癒やされる、苔テラリウムなどもいいものです。

11/19

ためす

感情の高ぶりは深呼吸で解決する

イライラしたり、疲れたなと思ったら、深呼吸をしてみてください。

イライラしてるときは、脳の大脳辺縁系が活発に働いています。ここは、原始的な脳と言われ、頭にカッと血が上るなど、単純な反応を起こします。

一方、大脳皮質という部分は、人間的な脳です。「今、これを言って大丈夫かな?」などと考え、衝動にブレーキをかける役目があります。

イライラや怒りに関して言えば、大脳辺縁系はアクセル、大脳皮質がブレーキの役割を果たします。

つまり、大脳皮質を活性化させることで、イライラは抑えることができるのです。その方法のひとつが、深呼吸です。

感情が高まっているときや不安が強いときには、大脳皮質に酸素があまりいかなくなります。

そこで、3秒間深呼吸をしてみてください。新鮮な空気を体中に行き渡らせ、体の中にあった怒りの空気を吐き出す感覚で行えば、より効果的です。

11/20

学ぶ

知っておきたい腸のこと

腸の炎症を防いで細胞を若々しく

老化の原因のひとつは、体の細胞の炎症です。細胞の炎症は避けることができませんが、抑えることは可能。

そのカギを握るのは腸です。腸には、体の免疫細胞の80％が集まっており、体を傷つけるものを排除し、細胞の修復を促す働きがあります。

つまり、腸が健康なら、免疫は正常に働き、細胞の炎症を防ぐことができるのです。

そこでチェックしたいのが、遅延型アレルギーによる腸の炎症です。遅延型のアレルギーは、急性型アレルギーに比べて気づかれにくく、ジワジワと腸に炎症を起こしていきます。

遅延型アレルギーを見つけるためには、IgG抗体を調べる遅延型アレルギー検査を受けるのが一番手っ取り早いのですが、自分の体の様子をよく観察し、感じ取ることである程度は気づくことが可能です。

たとえば、「食べると疲れやすくなる」「顔が赤らむ」「お腹を壊しやすい」「舌がピリピリする」などの異変を感じたら、食べた物を思い出し、それを避けてみてください。その結果、体調がよくなれば遅延型アレルギーの原因はその食べ物だったということです。

60歳を超えたら、栄養吸収の要でもある腸はとても大切。しっかり食べて体を動かして、便秘を防ぐことも大切です。

11月

11/21

学ぶ

『論語』に学ぶ、行動することの大切さ

再びせば、斯《こ》れ可なり。

これは、孔子が中国にあった魯という国の宰相、季文子《きぶんし》という人物を評して語った言葉です。その意味は、「何度も考え直すことは無意味である。二度考えれば十分。考えすぎると不安が増すばかりだ」。

季文子は、とても慎重な性格で、「思いついたことを三度考えてから実行する」タイプの人でした。

慎重に考えることで失敗は減らせるかもしれない。しかし、行動が遅れてタイミングを逃してしまうこともある。

孔子は、季文子の慎重さを無意味だと言い切ったのです。

不安から、何度も考え、確認したからといって、思いどおりになるとは限りません。

「思い立ったらやればいい。もたもたしているうちに、人生終わっちゃうよ」と、背中を押されているような気がしてきます。

11月

11/22

ためす

美しい紅葉を見に行く

　秋の夕日しかり、紅葉にも癒やし効果があります。自然が作り出す美しさに感動し、前頭葉が活性化し、幸せホルモンのセロトニンが分泌されることで、心身がスッキリするのです。

　その効果は、近所の見慣れた景色より、いつもと違う場所のほうが断然強い。近所の公園の紅葉や銀杏より、壮大な山のパノラマビュー、旅先で出会う庭園のほうが脳にとってはインパクトが強いのです。

　日本には秋の紅葉にぴったりな表現がたくさんあります。紅葉を着飾ったような「山粧《やまよそお》う」、櫨《はぜ》の木からとれる染料で染めた黄褐色の「黄櫨染《こうろぜん》」、枯れたススキのような色「灰汁鼠《あくねず》」、濃い赤色が重なって墨色になった「赤《あか》墨《ずみ》」。まるで闇に潜む銀杏のような「黄黒《きぐろ》」は、夏目漱石が苦々しさを表すのに用いました。

　自然が生み出す景色や色が人間に与える影響は、計り知れない。その場に出かけて、体感しないと得られないものです。

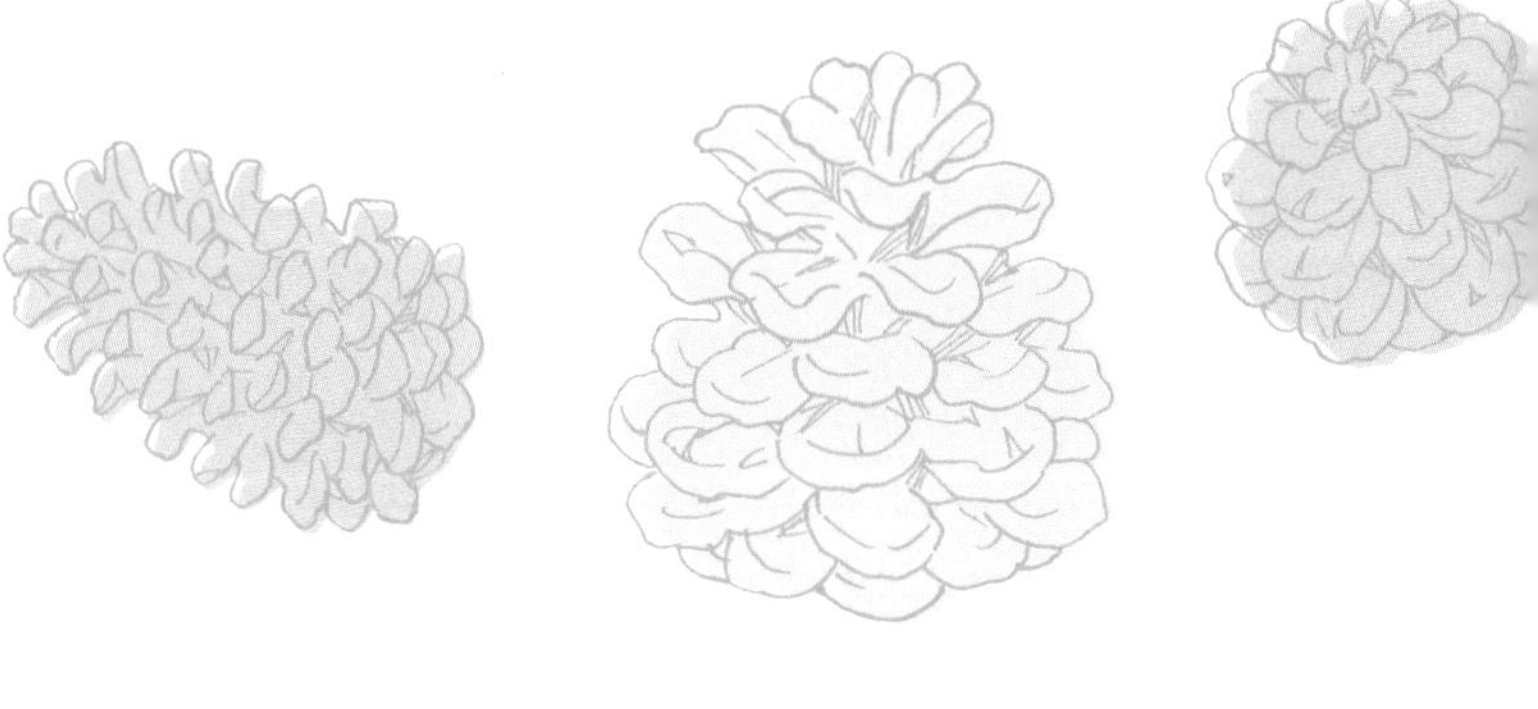

11/23

考える

働くことについて考えてみる

11月23日は勤労感謝の日。お勤めでも、主婦業でも、長く頑張って働いてきたことは間違いありません。自分で自分を褒めながら、これから先の仕事について考えてみましょう。

心残りな仕事はありませんか？　本当はやってみたかった仕事はありませんか？　「もうこの年だから無理」と思い込まず、少しでも関わることができないか、考えてみてください。

たとえば、子どもに関わる仕事がしたかったなら、学校の警備員や交通誘導員、用務員の仕事。最近では、子育て支援の一貫で学童保育のスタッフとして、中高年が活躍するケースも増えています。

スポーツ関係の仕事をしたかったなら、練習場の清掃や食堂での調理などの仕事があるかもしれません。頑張る選手たちをサポートする仕事はたくさんあります。

多くの仕事は、分担して成り立っています。そのうちのひとつに関われれば、自分も一員。嬉しいことだと感じれば、楽しく仕事に取り組めるはずです。

11/24

感じる

11月の和風月名は？ 暦の言葉で感性磨き

旧暦11月は、今の暦では12月ごろ。霜が降りる時期であることから「霜月」という名前がつけられました。

露が消え、霜になった様子を表す「露隠葉月《つゆごもりのはづき》」、雪を心待ちにする様子を表す「雪待月《ゆきまちづき》」といった異名は、優雅さと可愛らしさのあるみずみずしい発想。言葉からも刺激を得られます。

また、10月に出雲に集まっていた神さまたちが各地に帰ることから「神帰月《かみかえりづき》」「神来月《かみきづき》」とも呼ばれます。

11/25

感じる

季語で秋を感じる「胡麻刈る」

秋は胡麻の収穫期。季語には移ろう自然のほかに、人間の営みを表すものもあります。

昔から胡麻は貴重な栄養源。胡麻を収穫することは、大事な秋の農作業だったのです。他にも「胡麻干す」「胡麻叩く」などの季語があります。

ちなみに、私たちが食べているのは胡麻の種。種が入った実や胡麻畑を見たことがありますか？ 日本では、胡麻畑は今や絶滅が危惧されています。訪れて、季語の景色を実際に見ることも、とても貴重な経験となるでしょう。

11/26

ためす

サツマイモをとことん美味しく食べる

今日は秋の味覚、サツマイモを食べましょう。食べるといってもただ、蒸かしたり天ぷらにしたりするのではありません。「とことん美味しく」にこだわってためしてみるのです。

脳は目標を掲げて取り組むのが大好きです。日常の些細なことにも目標を設定し、考えたり工夫をしたりすることで、前頭葉は喜んで活性化します。

さて、まずはサツマイモを買いに行きましょう。最近では種類も増えたので、好きな品種を探してみるのもいいですね。

新しいレシピに挑戦するか、蒸し方を追求するか。目標に向かって、楽しんでみてください。

11/27 ためす

秋の七草で家を彩る

秋の七草は、『万葉集』に収められた山上憶良の歌が由来です。

「秋の野に咲きたる花を　指折《および》りかき数ふれば　七種《ななくさ》の花」

「萩《はぎ》の花　尾花《おばな》　葛花《くずばな》　撫子《なでしこ》の花　女郎花《おみなえし》　また藤袴《ふじばかま》　朝貌《あさがお》の花」

尾花はススキ、朝貌は桔梗《ききょう》の花のことです。秋の七草には控えめで素朴な風情があります。

色づいていた景色も少しずつ寂しくなってくるころです。秋の七草を、どれか1種でも部屋に飾ってみてください。

11/28 ためす

自分で自分を褒める

人間は足りないものにばかり目がいきがちです。でも、すでに持っているものに目を向けることも大切です。

自分の得意なこと、いいところを書き出してみてください。

たとえば「おしゃべりが好き」「花を大事に育てている」「ゴミをきっちり分別している」「子どもが好き」など、些細なことも含めて、全部自分の特技であり、いいところです。

自分で自分を褒めることは、脳にとっても大切なこと。ポジティブな脳に、ポジティブな心身が宿るのです。

11/29

ためす

口癖を作ってみる「ちょっと出かけるわ」

寒くなってくると、外に出るのがおっくうになってきます。だからこそ、口癖にしたいのが「ちょっと出かけるわ」。

年を重ねると、家に引きこもって動かなくなることが、脳も心身も衰える最大の原因です。だから「ちょっと」でも出かけることが大切です。

寒いなら、ダウンの上下で防寒すれば体はポカポカです。

冷たい空気が顔に当たれば、気持ちがいいことにも気づくでしょう。体を動かすことで血流が促され、心も体もリフレッシュできます。

大事なのは気持ちを切り替えること。「ちょっと出かけるわ」という言葉は、気持ちを切り替えるスイッチなのです。

外に出て気持ちがいいと感じ、「ちょっと」が「もっと」になったらチャンスです。もっと歩きたいという気持ちを抑え込まず、散歩を楽しみましょう。そんなとき、脳内ではセロトニンやドーパミンが出ているはずですから。

11月

11/30

ためす

冬間近！肉を食べて免疫力アップ

免疫力を高めるためには、まず、肉を食べましょう。

肉のタンパク質は免疫機能を高めます。肉のコレステロールは免疫細胞の材料になり、さまざまなホルモンの材料にも使われます。

やる気を促す男性ホルモン、幸せホルモンのセロトニン、ドーパミン、愛情ホルモンのオキシトシンも、コレステロールなくしてうまく働かないのです。

免疫細胞のリンパ球は脂肪でできているので、肉の脂肪を取り入れることで、免疫細胞が健やかに保たれ、免疫機能が高まるのです。

もちろん、好きな物を食べればいいのですが、肉にも色々な種類があり、含まれる栄養素は異なっています。鶏ササミやムネ肉ばかりではなく、豚肉、牛肉も偏らずに食べるのがいいでしょう。

色々な料理で味や見た目の変化を楽しむことは、脳の活性化につながり、ひいては免疫力の強化にもつながります。

11月

冬
Winter

紅葉が終わり、すっかり枯れ景色になったかと思えば、
あっという間に今年も終わり。
一日一日の大切さを実感させられます。
静かな冬の夜長は、自分にとって大事なこと、

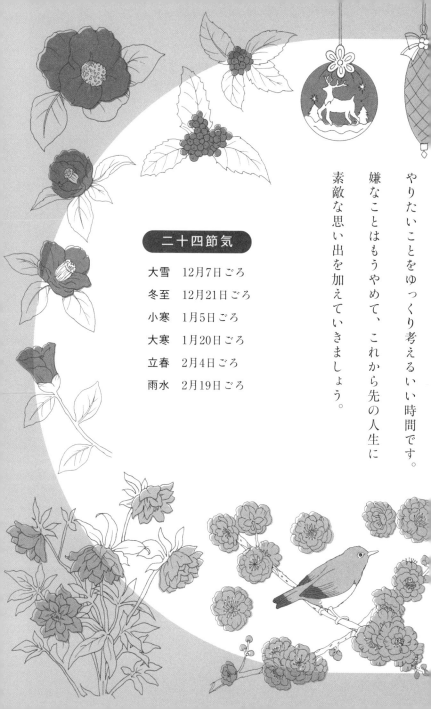

やりたいことをゆっくり考えるいい時間です。
嫌なことはもうやめて、これから先の人生に
素敵な思い出を加えていきましょう。

二十四節気

大雪	12月7日ごろ
冬至	12月21日ごろ
小寒	1月5日ごろ
大寒	1月20日ごろ
立春	2月4日ごろ
雨水	2月19日ごろ

12/1

ためす

オンラインお茶会で盛り上がる

インターネットのいいところのひとつに、オンラインで人とつながれることがあります。

もちろん、実際に足を運んで直接会うのが一番の刺激ですが、遠方でなかなか会えない場合や、体調があまり優れないときは、顔を見て話ができるのはとても心強いものです。

そこで、友だちや離れた家族とオンラインお茶会を開いてみてください。

そういうのは苦手という人も、ものはためしです。体験してみて、やっぱりイヤなら、もうやらなければいいのです。

「どんな感じだろう」と、ドキドキしたり、相手の表情や反応を見ることで安心して話せたり、「楽しかった！」と思えれば、勇気を出した甲斐があったというものです。

顔を見ることで「会いたいね」と気持ちが膨らみ、会う約束につながるかもしれません。行動のきっかけになれば大成功。楽しみがまたひとつ増えたということです。

12月

12/2

ためす

普段着ない色のコートで気分を上げる

冬になると、人々の服装も地味な色合いになってきます。

そんな中、明るい色のコートを着ている人が現れると、気分がパッと明るくなることがあります。それは間違いなく色の効果。色が心身に与える影響はとても大きいのです。

ためしに、カラーバリエーションが豊富な店に行って、色々な色をためしてみませんか？

着回しのことはいったん置いておき、普段は着ない色のコートを試着してみるのです。

たとえば、普段は暗い色が多いなら、ブルーやグリーン、カラシ色やピンク、白などを着てみるのです。

慣れない色に、違和感と新鮮な気分が入り交じるでしょう。

脳内では前頭葉がフル稼働。記憶と目の前の情報から色々なことを考えているはずです。

もちろん、気に入ったら購入して、ワードローブの仲間入りをさせましょう。ファッションは脳を刺激し、気分を高めるのにぴったりの手段なのです。

12/3

ためす

凝り固まった首、肩の筋肉をほぐす

椅子に座った状態でもできる首と肩のストレッチです。

寒くなると、自然と体に力が入り、血流が悪くなって凝りやすくなります。凝りが取れると動きがスムーズになり、運動意欲の向上にもつながります。

とてもシンプルな動きですが、背すじを伸ばし、ゆっくりと体を動かし、深い呼吸を意識することで、十分な効果を得られます。ちょっとした空き時間はもちろん、お風呂上がりに行うのもおすすめです。

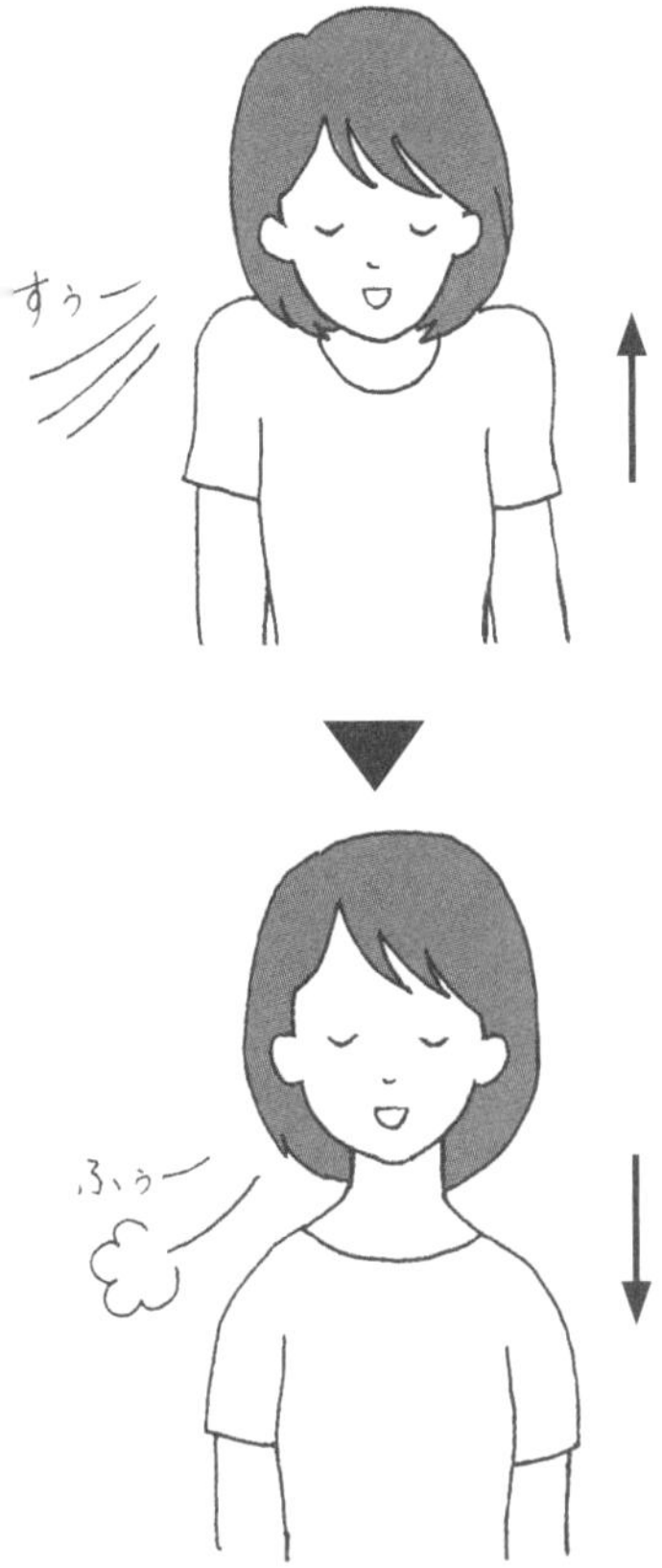

首と肩の運動

1 椅子に座り、背すじを伸ばし、息を吸いながら肩甲骨を動かす意識で肩を上げる。

2 「ふぅ～」と声を出しつつ、息を吐きながら、ストンと肩を下ろして脱力する。これを10回行う。

12/4

ためす

自分史上最高のお正月計画を立てる

今年も残すところ1カ月足らず。そろそろお正月のことが頭をよぎります。

お正月の過ごし方は、毎年恒例、いつも同じという人が多いかもしれません。もちろん、それもいいのですが、たまには「いつもと違う」のもいいものです。

たとえば、ホテルのお正月プランを利用して、ホテルで年明けを迎えてみたり、船旅に出て海の上でお正月を迎えてみたり。山に登って山小屋に泊まり、山の上で初日の出を見るというのも、素敵な体験。

また、会いたい人に会いに行くお正月も、忘れがたいお正月になるでしょう。

60歳、70歳、80歳にもなれば、お正月をあと何回迎えられるかは、誰にもわかりません。残りの人生、楽しむチャンスを逃がさないようにしたいものです。

お金と時間を使うからこそ味わえる体験もたくさんあります。

後のことを考えすぎず、時間とお金をたっぷり使えるのは、シニアの特権ですから。

12/5

ためす

大根1本を美味しく食べきる

大根が美味しい季節。丸ごと1本買ってきて、美味しく食べる方法を考えてみましょう。

定番のおでんやブリ大根、みぞれ煮などのほか、麻婆豆腐やカレーに大根を加えてみたり、お肉と一緒に炊き込みごはんにしたり。韓国風の漬け物にして、色々な料理にアレンジするのも楽しそうです。

大根1本でいったい何品楽しめるのでしょう。自分好みの料理を作ることが、心と体のごちそうになります。

12/6

ためす

知らない言葉を紐解いてみる

前頭葉にとって、言葉はとても大切です。知らない言葉に出会ったとき、なんとなく読み流したり、聞き逃すのではなく、書き留めて調べましょう。

年を重ね、たくさんの本を読んできても、知らない言葉や漢字は意外とあるものです。外国語や中国の故事などもいいでしょう。

言葉を紐解くことは、前頭葉にとってとても刺激的なこと。意味を理解したら、ぜひ音読をしてください。言葉を発し、その音を聞くことでますます脳が活性化するでしょう。

12/7

学ぶ

知っておきたい睡眠のこと

睡眠の理想は「眠くなったら寝る」

いうまでもなく、睡眠は心身の健康にとってとても重要。睡眠不足では、セロトニンなどの脳内の神経伝達物質が十分に働かず、やる気が出なくなったり、さらなる不眠を招くという悪循環に陥りやすくなります。

さらに、自律神経のバランスが崩れ、免疫力が低下したり、うつ病のリスクまで高まってしまいます。

しかし、そんな情報が、眠らなくちゃというプレッシャーになり、余計に眠れなくなるケースが多く見受けられます。そして、睡眠導入剤を処方してもらい、眠れた気になってしまうケースもあります。

寝つきが悪い程度なら、薬に頼る必要はありません。睡眠導入剤は依存性が高く、頭の働きを悪くする傾向があります。シニアに、そんなリスクのある薬はおすすめできません。

眠れなくて命を落とすことはない。7時間睡眠がベストというのも、皆に当てはまるわけではない。睡眠には個人差があると覚えておいてください。

年を重ねてからの睡眠は「眠くなったら寝る」がベスト。眠れなくても横になっていれば、自然と体は休まります。

朝は、いつもの時間に起きて、眠気がきたら少し横になればいいのです。

12/8

ためす

ショウガドリンクで気分スッキリ、冷え撃退！

手足の先が冷えて辛い……。

そんなときはショウガ入りのドリンクをためしてみましょう。

ショウガに含まれる辛味成分のジンゲロールは、加熱したり乾燥したりすることで、ショウガオールという成分に変化します。ショウガオールは体を温める作用が強く、保温効果が高いのが特徴です。

昔から寒い季節に飲まれてきた、ショウガ葛湯は、寒い日に特におすすめ。葛は、漢方薬の「葛根湯」にも使われる生薬のひとつです。血流を促し、体を温める作用があるので、ショウガと合わせることで抜群の温め作用を期待できます。

体が温まったら、散歩に出かけませんか？　体を動かせば、気分もスッキリ。ますます巡りがよくなります。

12/9
ためす
子どもの気分で肉まんを買い食いしてみる

子どものころ、友だちと駄菓子屋さんの前で買い食いしたように、コンビニの肉まんを買い食いしてみませんか?

友だちと一緒に買いに行って、近くの公園のベンチなどに腰かけていただくのです。

寒い日に、外で食べる肉まんは格別。家の中で食べるより、断然美味しく、そして幸せに感じられるでしょう。

場所を変える、たったそれだけのことで気分転換はできるのです。

12/10
感じる
12月の和風月名は?暦の言葉で感性磨き

12月の和風月名は「師走」。師とは僧侶のことで、「いつもは静かな僧侶でさえ走り回るほど忙しい月」と言われていますが、歳が果てる「歳果《としはつ》」が「しはつ」となり、「師走」という当て字が使われたという説もあります。

他にも、今年もこの月限りという意味で「限り月」、逆に年が積み重なるとして「年積月《としつみづき》」。「年満月《としみつづき》」という異名もあります。

楽しさで満ちた、そんな思いで今年が締めくくれるといいですね。

12/11

感じる

孤独が怖くなくなる、一遍上人の言葉

生《しょう》ぜしもひとりなり。
死するも独《ひとり》なり。
されば人と共に
住《じゅう》するも独《ひとり》なり。
そひはつべき人なき故なり。

これは鎌倉時代の僧侶、一遍上人の言葉で、「人間は、生まれるときもひとり、死んでいくときもひとり。誰かと一緒に暮らしていても、実はひとり。なぜなら、死ぬときまで自分と添い果ててくれる人など存在しないから」という意味です。

一遍上人は、仏の教えを説くために、家を捨てて全国をまわりました。死ぬ際には、持っていたすべての経典を焼き捨てたという逸話もあり、「捨聖《すてひじり》」と呼ばれました。

孤独は辛く、寂しく、恐れるべきものと思われがちです。でも、一遍上人が言うように、「人間はそもそも孤独な生きもの」であると思っておけば、孤独への恐怖は和らぐような気がしませんか？

参考：『国訳大蔵経：昭和新纂
宗典部　第８巻』（東方書院）

12/12

学ぶ

知っておきたい突然死対策のこと

受けるなら心臓ドックと脳ドックを

「健康診断の数値は気にしなくていい」と前述しました（8月31日の頁参照）が、準備できない突然死を避けたい人には「心臓ドック」と「脳ドック」の受診をおすすめします。

心臓ドックと脳ドックは、その人の状況をきちんと診ることができる検査です。

心臓ドックでは、心臓をとりまく冠動脈のどこかに狭窄が見つかれば、それを広げる処置が受けられます。解離性大動脈瘤などが見つかった場合も、ある程度の処置が期待できます。

脳ドックでは、MRIによって脳の血管を見ることができるので、ある程度の大きさがあれば動脈瘤を発見することができます。早期に見つけられれば、カテーテルなどを使って動脈瘤の破裂を予防する施術を受けることも可能です。

このように、数値ではなく、個々の体の状態を診ることができ、さらに問題があった場合に対処できる可能性がある心臓ドックと脳ドックは、有益な検査といえるでしょう。

12/13

考える

コンプレックスは私らしさと、胸を張る

人間は比べたがる生きものです。そしてコンプレックスに悩まされます。学歴、目が小さい、太っている、口べた……何でもその原因になります。

でも、自分が思い込んでいる欠点は、他の人からすると魅力的なこともあるのです。口べたであることが誠実な印象を与えていたり、自信のない笑顔が親しみを与えていたり。

自分の友だちや好きな人のことを思い浮かべてください。ちょっとドジだったり、抜けていたり、完璧ではないキャラのほうが愛嬌や親しみを感じて、魅力的だと感じませんか？

だから、自分自身のコンプレックスを無理に直す必要はないのです。

でも、やっぱり気になるのなら、自分が得意で熱中できるものに邁進してみてください。行動は最大の気分転換です。

これから先の人生を幸せに過ごすためにも、どうにもならないことを気にするのではなく、好きなこと、楽しいことをするほうが断然有意義です。

12/14

ためす

「朝の肉活」で体温をアップする

冷え対策のひとつとして「朝の肉活」をためしてみましょう。

朝は消化・吸収が弱いと思われがちですか、実は、朝こそタンパク質の消化・吸収が高まる時間帯なのです。

臓器の活動リズムを明らかにした「時間栄養学」によると、消化・吸収の司令塔ともいえる肝臓は「早起きの臓器」。午前中に活動のピークを迎え、夕方には休息モードに入ります。

つまり、朝、お肉を食べるとスムーズに消化・吸収されるというわけです。

タンパク質は分解に時間がかかるぶん、熱を多く生み出します。朝は体のスイッチを入れるべく体温を上げる時間帯です。そのタイミングでタンパク質を摂れば、体温はスムーズに上昇し、冷えが改善されるのです。

まずは、朝の味噌汁を豚汁にする、パンにハムエッグを添えるなどからスタートしてみましょう。冷えが改善され、体が快適に感じられるようになったら「朝の肉活」は大成功です。

12/15

ためす

お取り寄せで年末年始のご褒美を

年末年始のお楽しみに、お取り寄せをしてみましょう。食べたかったもの、話題のものをチェックしてみてください。

こういうときこそ、インターネットの出番です。お取り寄せで検索をすれば、美味しそうな食べ物がたくさん出てきます。予算、量など、色々な条件と照らし合わせながら探す作業で脳の広範囲が活性化。

もっと知りたい！と、知的好奇心が刺激されれば、記憶力の向上にもつながります。

12/16

ためす

溜まった物を整理して脳を活性化させる

なんとなく取っておいた紙袋などを整理しましょう。ただ捨てるだけではなく、よく考えることが大切です。

「必要ではないけれど、捨てるのがもったいない」と思ったら、使い道を考えてみましょう。たとえば、生ゴミを捨てる際、紙袋で包んで捨ててみる。紙袋はしっかり役に立って手元を離れていきます。

些細なことですが、脳が活性化して気分もスッキリするはずです。

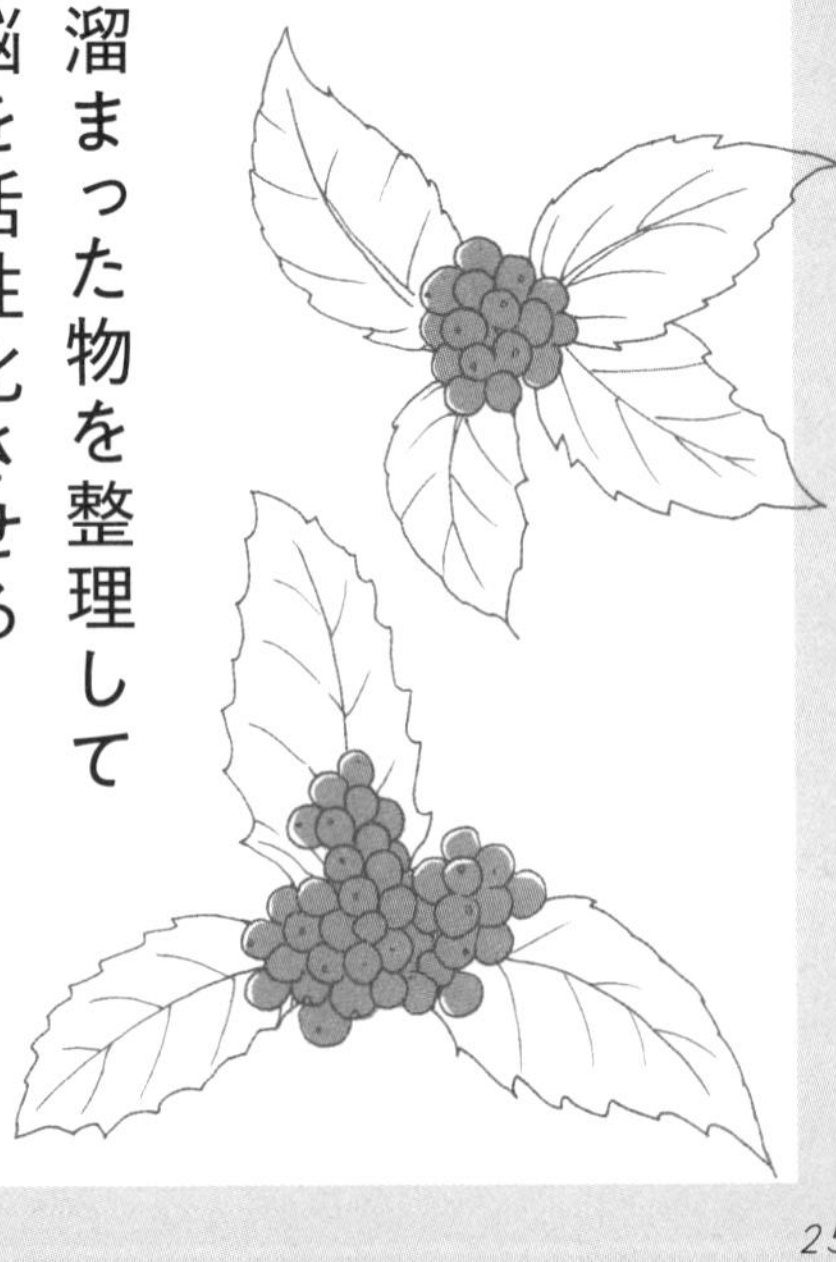

12/17

ためす

首、手首、足首「3つの首」を温める

高齢になると体温調節機能が低下し、冬の冷えが深刻になります。一番の対策は、肉を食べること、体を動かすこと。さらに、せっかく生み出した熱を逃さないことも大切です。

そこで、保温してほしいのが血流量が多く熱が逃げやすい、首、手首、足首の「3つの首」です。特に食後や運動後は、産生された熱を逃さないように、マフラーやレッグウォーマー、手首サポーターなどで保温しましょう。

12/18

ためす

締めつけない肌着でリラックス

靴下の重ね履きやきついブラジャーは、血流悪化や冷えの原因になります。冬こそ、体を締めつけない肌着を身につけてください。

ちなみに、アスリートは着圧感のあるインナーで交感神経を刺激してパフォーマンスを上げ、リカバリー時は、着圧感のないもので、副交感神経を優位にさせてリラックス状態にするそうです。

インナーウエアは、自律神経にも影響を与えるのです。

12/19

ためす

口癖を作ってみる「いいことがありそう」

気持ちが明るく、前向きになるためには、「いいこと」を考えましょう。

いい想像をすることで行動は積極的になり、考え方は楽天的になります。これは脳にも心にもとてもよい影響を与えます。

そこでためしてほしいのが、「いいことがありそう」という口癖です。

たとえば、「茶柱が立てばいいことが起こる」「鳥にふんをかけられたらいいことがある」など、世界中にさまざまな吉兆の言い伝えがあるように、人間は「いいこと」を考えるメリットを知っているのです。

日常の些細な出来事を、「いいこと」の兆しと見るか「悪いこと」の兆しと見るかで、気持ちが大きく違ってきます。

不安なときこそ「いいことがありそう」作戦です。失敗が続いたら、「成功したときの嬉しさは大きくなる！」「この失敗があったから、よりよい結果に結びつくんだ」と思えるようになるでしょう。

12/20

ためす

ダンスで心にときめきを！

あらゆる世代でダンスが流行しています。その背景にあるのが、ダンスによる心身への健康効果です。そのポイントをピックアップしてみます。

❶身体機能が向上する

体を動かすことで筋肉が鍛えられる。

❷脳が活性化する

音楽を聴きながら体を動かす、振りを覚えるなど同時に多くのことをするため、脳の広範囲が活性化する。

❸認知機能が向上する

理解、判断、行動といった認知機能を使うため、認知機能が向上し、認知症対策につながる。

❹自律神経のバランスが整う

体を動かすことで自律神経のバランスが整う。

他にも、ダンス仲間とのコミュニケーションが活発になる、人目を気にして若々しくなる効果や、社交ダンスでは異性とペアを組むので、触れ合いや「恋」の効果も。

何より、楽しいと思えれば、それが一番のメリットです。

12/21

ためす

カボチャ料理をおともに冬の長い夜を楽しむ

冬至は、二十四節気のひとつで、一年でもっとも日が短く夜が長い日です。年によって変動しますが、およそ12月21日か22日になります。

冬至を境に少しずつ日が長くなっていくため、「冬至は太陽が生まれ変わる日」と考えられてきました。とてもポジティブな発想です。そう思えば、長い夜も明るい気持ちで過ごせるでしょう。

さて、冬至といえば、柚子湯とカボチャです。今年は、いつもと違うカボチャ料理に挑戦してみてください。

たとえば、柚子の皮と合わせてホットサラダにしてみたり、カボチャとチキンを焼いて柚子果汁を搾ってみたり、思い出のカボチャ料理を作ってみたり。

家族や仲間と、カボチャ料理をいただきながらおしゃべりをして、一年で一番長い夜を楽しむのもいいものです。

12月

12/22

ためす

硬くなりやすい股関節とお尻を柔らかく

冬場などは、体が冷えている状態でストレッチをすると痛みを伴いやすく、ストレッチ効果も出にくくなります。

そこでおすすめしたいのが風呂上がりストレッチ。

風呂上がりは、血流がよくなり、筋肉が温まり柔らかくなっているため、痛みが少なく、効果が高まります。普段動かすことが少なく、硬くなりやすい股関節、そしてお尻の筋肉のストレッチを行いましょう。

股関節とお尻のストレッチ

1. 仰向けになり、両ひざを曲げて外に広げて倒す。
2. 軽く両足をゆらゆらしながら、足の重みを生かして、股の内側の筋を伸ばす。
3. 床にひざがつくようになってきたら、ひざをグーッと床に押しつける。

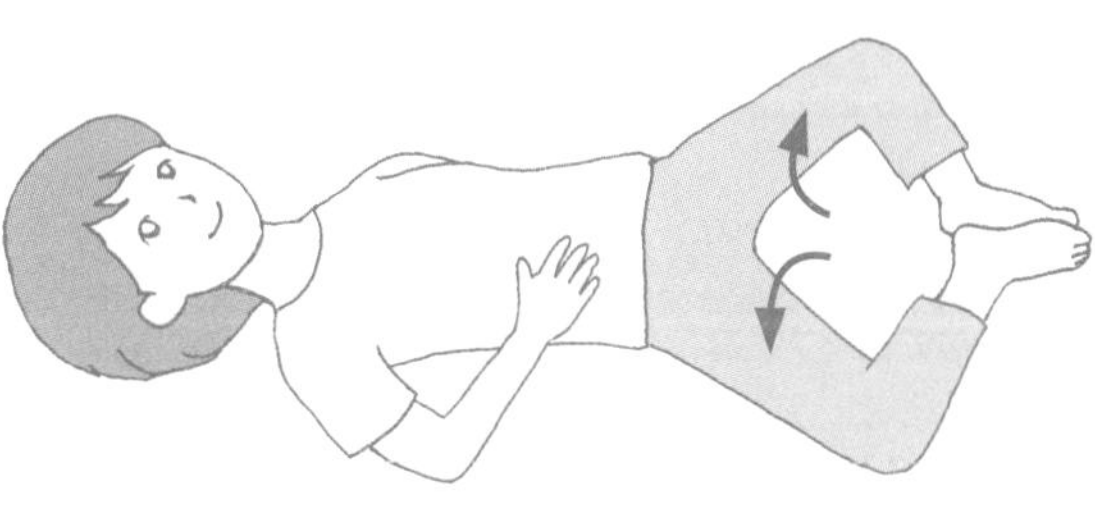

12/23

ためす

自分にとっておきのクリスマスプレゼントを！

年をとると、悟りを開いたように欲を捨ててしまう人がいます。でも、欲は生きていくうえで、とても重要な要素。欲しいもののことを考える時間は脳にとって至福の時間なのです。

もうすぐクリスマス。自分の欲を解放して、欲しいものを自分で手に入れてみては？

まずは、クリスマスプレゼントに欲しいものを、書き出してみましょう。「これだ！」と思うものがあったら、インターネットで検索してみてください。身近なところで買えなくても、ネット通販で手に入れることができるかもしれません。

また、物ではなく経験を自分にプレゼントするのもいいアイデアです。

たとえば、ミシュラン三ツ星の店で食事をしてみる、スカイダイビングをしてみる、行ってみたかったアーティストのライブに行ってみる。

物でも経験でも、念願を叶えたクリスマスは、生涯の思い出になるでしょう。

12/24

考える

プレゼントをあげたい人のことを考える

自分へのクリスマスプレゼントのことを考えたら、今度は誰かにプレゼントをすることを考えてみましょう。

家族、友だち、恋人、推し、誰でも構いません。好きな物、似合う物、笑える物……。相手のことを思って想像し、考え、作戦を練るのは、とても幸せな時間。前頭葉を中心に脳はチームで働きます。

もちろん、実際にプレゼントすれば、行動力もアップして、心身への刺激も増します。

12/25

ためす

クリスマス料理で周りの人を楽しませる

クリスマスの料理といえば、定番はチキンやケーキですが、今年はぜひ、新しいレシピに挑戦してみてください。

チキンなら、塩レモン味やハーブの香りをまとわせたり、ターキーに詰め物をして本格的なクリスマス料理に挑戦してみたり。ドイツ伝統のクリスマスのお菓子、シュトーレンを手作りしてみたり。

人を招いて一緒に楽しめば、作り甲斐も生まれ、会話も膨らみます。

12/26

ためす

お正月に向けて家をきれいにする

クリスマスが終わると、お正月に向けて気分が切り替わります。何かと気ぜわしい時期だからこそ、早めに大掃除を進めましょう。

掃除も仕事と一緒で、期限と目標を決めるのがおすすめです。今日はリビングの窓ふき、明日はお風呂場、キッチンは細かい掃除が多いので、今日はガスコンロ、明日は冷蔵庫、といった感じでコツコツと進めると、達成感が得られます。脳内ではドーパミンが分泌され、嬉しい気持ちが高まって、次の目標に向かう原動力になります。

「忙しくて手が回らない」「時間はあるけれど、体が思うように動かない」という場合は、だからといって諦めず、できるところは自分で掃除し、できないところだけプロに頼むというのもいいでしょう。

目標は家をきれいにすることです。どんな手段であれ、きれいになったことを感じて、素直に喜べば、脳も連動して活性化します。

12/27

学ぶ

知っておきたいうつ病のこと

認知症より怖い「老人性うつ」

うつ病は「自殺」を引き起こすことがあり、その意味では死に至ることのある病です。そして、世界的にみて、うつ病患者の自殺率は、高齢になるほど上がります。

「老人性うつ」と「認知症」は、違う病気ですが、症状には似通った点があります。そのため、うつ病を見逃して、不幸な自殺に至ることがあるのです。

認知症とうつ病の違いを見極めるポイントは、症状の始まり方です。認知症はゆっくり進行するため、いつから始まったか、はっきりしないことが多いのですが、うつ病はある時期から急に症状が出るので、いつから始まったかがおおむねわかります。

不安に襲われる、集中できない、やる気が出ない、疲れが取れない、体が重い、物忘れが増えたなどの症状が、突然出始めたら要注意です。

また、本人に明確な自覚症状がある場合や、質問に答えられず黙り込む、食欲減退などの食欲障害、途中覚醒などの睡眠障害が現れたときも、うつ病の疑いがあります。

「老人性うつ」は、適切に治療すれば高確率で治ります。自分の心身の変化を細やかに感じ取り、気になることがあったら、すぐに周囲の人、かかりつけ医に相談してください。

12月

12/28

感じる

季節で冬を感じる「日記買う」

新しい年に向けて新しい日記を買う。「日記買う」は冬の季語です。

日記を書くことは、脳の老化防止にぴったりの習慣です。「今日は何もなかった」そんな一日こそチャンス。目にしたもの、食べた物、交わした言葉、感じたことなどを細かく思い出すことで、前頭葉が活性化します。さらに、文章にする「アウトプット」が自分との対話になり、新しい気づきも生まれるでしょう。

12/29

ためす

笑い納めでモヤモヤを吹き飛ばす

笑いは人間が高等動物である証拠です。笑うことで、NK細胞が活性化して免疫機能が高まったり、前頭葉に酸素が行き渡り、過度な緊張をほぐす効果があるなどと言われています。

何より、大笑いすると精神の緊張がほぐれ、心のモヤモヤが吹き飛びます。これこそが笑いの最大の効果です。

年末年始はお笑いのイベントがたくさんあります。ぜひ、劇場を訪れて、生のお笑いを体験し、大笑いしましょう。

12/30

ためす

おせち料理を自分流にアレンジ

料理が好きな人も、それほどでもない人も、おせち料理は一年に一度しか作らない、食べない貴重な機会です。ところが「食べきれない」「飽きた」「家族に不人気」などの理由で、作らなくなってしまった人が意外と多いようです。

ならば、おせち料理を自分流にアレンジしてみませんか?

たとえば、甘い黒豆煮が苦手なら塩味や醤油味の黒豆煮を作ってみる。田作りが好きではないなら、ローストポークにしたっていいんです。食べきれないと思ったら、友だちとシェアし合うのもいいでしょう。

自分で作るということは、段取り、日持ち、味の調整など、色々なことを考える必要があり、それこそが脳の活性化につながります。

もちろん楽しむことが一番ですから、イヤイヤ作るのはストレスのもとになります。作りたくないと思ったら、お店のテイクアウトおせちをためしてみるといいでしょう。

12/31

ためす

年末詣で一年を振り返る

大晦日は、住んでいる地域の氏神さまが祀られている神社に行って、年末詣を。

年末詣とは、一年を振り返り、神さまに無事に過ごせたことに対する感謝の気持ちを伝えるお参りです。

大晦日の神社は、年始の準備も始まり、清々しい活気にあふれていることでしょう。

お参りの相手は神さまですが、自分自身の一年を振り返ることになるので、とても意味があります。

今年一年、どんなことをしたか、どんな人に会ったか、記憶に残ったこと、楽しかったこと、美味しかった物、香り、悲しかったこと、悔しかったこと、怒ったこと、刺激を受けたものなど……。どんな内容でもいいので、たくさん思い出してみましょう。写真や物を見て、思い出すのもいいことです。

記憶を呼び起こすことで、脳内のネットワークが活性化され、心身にたくさんの刺激をもたらしてくれるはずです。

1/1

ためす

清々しい気持ちで神社に初詣に行く

新年を迎えたら、初詣に行きましょう。

　三が日が大混雑するようなら、人出が落ち着いてからでもいいので、ぜひお参りを。一般的には、住んでる地域の氏神さまにお参りするのがよいとされていますが、どこの神社にお参りしてもきっと大丈夫です。

　気になる人は、氏神さまに初詣をした後に、行きたい神社にお参りするといいでしょう。

　地元で一番大きな神社にお参りするのはもちろん、少し遠出して、行ってみたかった神社を訪れてみるのも楽しいイベントになります。

　60歳あたりになると、やり残したことがないように、一年、いや一日一日を歩むことが大切です。今年一年でやってみたいこと、行きたい場所、会いたい人、周囲の人のことを思い浮かべながらお参りをすれば、脳内の整理にもなります。何かをしたいときは、思いを強く持つことが、行動力を高めるきっかけになるでしょう。

1/2

考える

自分の夢について考える

人生における夢について考えてみませんか？

子どものころの夢、学生時代の夢、社会人になってからの夢、誰にも話したことがない夢。これまでの人生、きっとたくさんの夢があったはずです。

では、これから先の人生を考えたとき、自分の夢を持っていますか？　持っている人は、どんな夢ですか？　持っていない人は、なぜ夢がないのだと思いますか？

夢についてゆっくり考えてみると、自分のリアルな気持ちが見えてきます。

時間がなくて楽しむことができなかった夫婦２人旅、憧れていた楽器の演奏、子どもたちの未来のために自分の経験を役立てたいという思い、健康でいたい、穏やかにのんびり過ごしたいというのも立派な夢です。

どんなときも夢はポジティブ。夢について考えることで、脳は自然と想像し、作戦を練り、アイデアを生み出し、自分自身を元気にしてくれるはずです。

1/3

考える

自分にとっての宝物について考えてみる

夢について考えたら、宝物についても考えてみましょう。宝物は人それぞれ、そのときによって変わり、コレクションしてきたこともあるでしょう。

子どものころ可愛がっていたペットのネコ、オモチャの怪獣、お小遣いで買って集めた消しゴム、頑張って作った夏休みの工作、旅先で拾ったきれいな石ころ、骨董市で一目惚れして奮発して買った謎の置物だって立派な宝物です。

思い入れのある宝物には、脳内にある記憶を呼び起こすパワーがあります。宝物を見るだけでも、思い出すだけでも、記憶が呼び覚まされ、脳が活性化するのです。

もちろん、宝物は物だけではありません。家族、恋人、友だち、仕事仲間、そして身につけたスキルや経験、思い出もすべて宝物といえるでしょう。

普段は意識していなくても、脳の中に宝物の記憶は必ずあります。ときどき掘り起こしてみるのもいいものです。

1/4

ためす

周りの人に直撃！あなたの宝物は？

周りの人にも「あなたの宝物は何ですか？」と、聞いてみてください。

人は、好きなことや、思い入れのある物について話すとき、とてもパワーを放ちます。目が輝き、テンションが上がったり、しみじみと深く思いを巡らせたり。その様子を目の当たりにすると、とても刺激を受けるはずです。もちろん、自分の宝物についても話してください。話すことで、脳は情報整理のためによく働き、活性化します。

1/5

ためす

財布を新調して買い物を楽しくする

ポップなカラーの財布を新調してみませんか？

明るい色の新しい財布は気持ちがいいものです。お財布を出すときの気分が軽くなり、買い物が楽しくなるでしょう。

また、会計のときに出した財布がお店の人の目に止まり、会話のきっかけになることも珍しくありません。

よくスマホ決済を利用しているなら、スマホカバーを新調するのもおすすめです。気分が上がる物を持つことで行動力が高まることは間違いなくあります。ためしてみてください。

1/6

ためす

思い出話に花を咲かせる

年が明け、少し落ち着いてきたら、同級生や幼なじみ、学生時代からの友だち、親友、兄弟や姉妹などと新年会を開催し、思い出話に花を咲かせましょう。

子どものころの話、住んでいた家のこと、共通の知人のこと、恋バナ、少し前に考えた夢や宝物の話をしてみるのもいいでしょう。一緒に遊んだ場所の地図を描いてみたり、置いてあった物などを細かく入れながら昔住んでいた家の間取り図を描くのも、記憶を呼び覚ますのに有効です。

映像が蘇ってくると懐かしさ、嬉しさがこみ上げてきます。こうした感情は、脳にも心にもよい影響を与えます。

また、会話をすることで、自分の気持ちを伝えようすること、さらに相手の気持ちを理解しよう、感じ取りたいという気持ちが働くことで、脳内では多くの領域が活性化します。

「昔話をするのは年をとったから」と言われがちですが、それでいいのです。積極的に昔話を楽しみましょう。

1/7

ためす

新・七草粥を作ってみる

1月7日は人日《じんじつ》の節句。端午の節句や七夕などと同様に、中国から伝わった五節句のひとつです。

年の初めに、芽吹いた新春の野の草を摘み取り、温かいお粥にして食べ、邪気を払うという風習ですが、正月のごちそうで食べ疲れをした胃腸を休めるという効果も期待できることから、今も皆さん率先して七草粥を楽しんでいるのかもしれません。

いつもと同じ七草粥もいいものですが、自由に楽しむ姿勢こそ、若々しさの秘訣です。

毎年1月7日は、「新・七草粥の日」として、オリジナルの七草粥を作ってみるのもいいかもしれません。

60歳を超えたら、七草粥もしっかりとタンパク質を強化するのがおすすめです。たとえば、正月の余りのハムを加えてごま油を垂らして中華粥風にしたり、豆腐と豆乳を加え、ポン酢をかけて湯豆腐スタイルでいただくのも、タンパク質の強化につながります。

1/8

ためす

今年、やめることを考えてみる

ここまではやりたいことを中心に考え、チャレンジをしてきましたが、今日は「今年、やめること」を考えてみてください。

なんとなく続けているけれど、もうやらなくてもいいと思っていることはありませんか？

たとえば、オシャレ重視の歩きづらい靴、掃除のときに邪魔になるマット類、なんとなく言ってしまう愚痴、惰性で出している年賀状、裏返しのまま洗濯機に入った家族の服を表に直すこと、効果を感じない健康法……。ストレスになっているものは全部やめてしまっていいんです。

60代、70代になれば、好きなことだけ、やりたい放題でいきましょう。イヤなことや無駄なことをやめれば、気持ちが前向きになり、心身は健やかになり、行動力もアップします。実践している私が言うのですから、間違いありません。

自分の心と体に正直に向き合って、自分なりの正解を見つけましょう。

1/9

ためす

カサカサお肌をツルスベに！

乾燥してガサガサになりがちな、ひじやひざ、かかと。放っておいても何の支障もありませんが、自分の体ですから、きれいにしたほうが気持ちがいいのは、間違いありません。

保湿クリームを塗るだけではもう回復の見込みはない……そんなかかとは、入浴時にお手入れ用のヤスリでケアしてください。お風呂上がりに保湿クリームを塗れば、ツルツルスベスベに。体のケアは自信や行動力向上にもつながります。

1/10

ためす

名前を添えて感謝の気持ちを伝える

「ありがとう」は、誰にとっても嬉しい言葉です。「○○さん、ありがとう。疲れたんじゃない？」「○○さん、ありがとう。おかげさまで完成しました！」と、笑顔で、「相手の名前」「プラスのひとこと」を添えて、感謝の気持ちを伝えてください。

自分にとって自分の名前ほど甘い響きを持つ言葉はない、と言われます。最初に名前を呼ぶと、相手に関心を持ってもらえるというデータもあります。

1/11

ためす

鏡開きのお餅を絶品リメイク！

地域によって異なりますが、1月11日は鏡開きの日です。お供えしていたお餅を、神さまのお下がりとして、無病息災を祈願していただきます。

お餅といえば、焼いて食べる、うどんに入れる、餅入り巾着にするなどが定番ですが、新しい料理にチャレンジしてみましょう。餅生地のピザ、肉巻き餅や餅グラタン。餅を乾燥させて、ひな祭りのあられにリメイクすれば、縁起のよい行事がリレーのように続きそうです。

1/12

感じる

1月の和風月名は？暦の言葉で感性磨き

1月の和風月名は「睦月」。新年を迎え、親族が集まって「仲睦まじくする月」というのが由来と言われています。また、1月になると、早々と草木に緑の新芽が出始めることから「早緑《さみどり》月《づき》」、元旦の空を表す「初空月《はつそらづき》」、新年に初めて会う人を表す「初《はつ》見月《みづき》」という異名もあります。

一見、昨日までと変わらない景色も人も、新年を迎え、移ろう季節の中で少しずつ変化している。そう思うだけで、新鮮な気持ちになれます。

1/13

学ぶ

『論語』に学ぶ、行動することの大切さ

行ひを先にし、
其の言は而《しか》して後に之れに従《したが》ふ。

弟子が孔子に「人の上に立つ立派な人であるための心得は？」と問うたとき、孔子はこう答えました。

「まずは行動をしなさい。言葉は後からついてくるのだから」

「有言実行」という言葉があるように、言葉と行動はセットとなってはじめて力となる、信頼に至るのです。

言葉だけで行動しない人は「有言不実行」。「口だけだから」「本心じゃない」と思われ、軽く扱われてしまいます。そうなってしまうと、仲間と旅をしたいと思って誘っても、「本気じゃないだろう」と乗り気になってもらえないかもしれません。

「いつか船旅をしたい」「春までに習い事を始める」「絵を描くのが好きなんだけど……」などと言うばかりで、行動を起こさない人になっていませんか？

1/14

ためす

胸椎ストレッチで丸まった背中をシャキッ！

胸椎とは、頸椎と腰椎の間の12個の骨で、背中の大きな筋肉を支えています。

胸椎を動かさないと支えられている筋肉も凝り固まり、猫背になったり、背骨の関節が硬くなったりします。それをかばって、腰に負担がかかり、腰痛が起こり、さらに限界を迎えるとギックリ腰になることも。

姿勢が悪い、なんとなく腰が痛いといった状態を放置せず、まずはお風呂上がりに胸椎ストレッチをしてみましょう。

胸椎ストレッチ

1 バスタオルなどを丸めて横向きに置き、その上に仰向けになる。

2 体の力を抜き、肋骨を開くように大きく深呼吸。これを10～20回行う。

3 ひざを立て、ゆっくりと無理のない範囲で左右にひざを倒しながら楽に呼吸を続ける。脇腹のあたりから大きくひねるように10～20回行う。

1/15

ためす

小正月《こしょうがつ》は小豆粥で邪気払い

正月の賑わいが一段落し、日常に戻る時期。正月飾りを焚き上げる「どんど焼き」や、邪気を払うといわれる小豆入りのお粥を食べる風習があります。

どんど焼きでは、お焚き上げの火でお餅を焼き、参拝者に配ることもあります。そのお餅をいただくと健康に過ごせるとも。近くの神社でどんと焼きが行われていたら、参加してみるといいでしょう。

せっかくですから、家に帰ったら小豆粥を作ってみてください。「小豆を買ってくるといつも余って持て余してしまう……」などと尻込みせず、まずは小豆を買ってきて、作ってみましょう。

余った小豆の使い道を考えるのも脳トレになり、何より楽しみにつながります。

もちろん、もっと手軽に作りたいなら、赤飯おにぎりを使うなど、工夫して作る方法を考えてみてください。頭を使って楽しむことが、若々しくいるための秘訣です。

1/16

ためす

たまには思う存分長電話する

今では、スマホのメールやLINE、SNSといったテキスト主体のコミュニケーションが増えました。

そこで、改めて意識したいのが電話です。電話はかつて、親密なコミュニケーション手段のひとつでした。50代、60代なら、友だちや恋人と、他愛もない話題で語り合い、笑い、時には泣き、何時間も長電話した記憶を持っているはずです。

スマホに入力した文字より、声のほうが自分の気持ちも相手の気持ちもすぐに伝わる感覚があります。かつて私たちは、電話という1対1の濃厚なコミュニケーションで、自分は孤独ではないこと、悩みや不安が自分だけのものではないことを確認していたのです。

電話を使ったコミュニケーションを、復活させませんか？　LINEの無料通話などを利用すれば、電話代はかかりません。長電話した後の心地よい疲れやスッキリとした気分は、今でもきっと味わえます。

1/17

学ぶ

知っておきたい歯周病のこと

歯周病は万病のもと!

歯周病とは、歯周病菌と呼ばれる数百種の細菌群が引き起こす、歯茎などの炎症性疾患のことです。

たかが歯茎の炎症と侮ってはいけません。歯周病菌は歯茎から血液に侵入して全身を回るため、さまざまな病気を引き起こすことがあります。

糖尿病、心臓の弁や内膜などの炎症、気管支炎、肺炎のほか、動脈硬化を進行させ、狭心症や心筋梗塞、脳梗塞につながることもあります。

歯周病菌は、全身の状態に悪影響を及ぼし、健康寿命を縮めることになるのです。

近年、慢性的な炎症は、認知症の原因としても注目されています。

慢性的な炎症には、遅延性アレルギーによる腸の慢性炎症や糖尿病による慢性炎症などがありますが、歯周病による慢性炎症もそのひとつです。

脳に近い口の中で、炎症がずっと続いている状態は避けなくてはいけません。何より、歯や歯茎が悪くてしっかり噛めない状態は、栄養分の消化吸収にも悪影響を及ぼします。

歯を磨く習慣や歯科医に定期的に通ってチェックしてもらう、といった口腔ケアは、健康的に生きていくうえで、必要不可欠なたしなみなのです。

1月

1/18 ためす

好きな作品の舞台を聖地巡礼する

マンガやアニメ、ドラマや映画の舞台を訪れる「聖地巡礼」に出かけてみましょう。

物語にハマり、見終わると、ある種の達成感を味わうことができます。その延長にあるのが、聖地巡礼です。

作品の舞台を訪れ、世界を体感し、より深く理解する。さらに、ファンの一員になった感覚、情報や経験を共有できた嬉しさを味わえるのは、とても幸せなこと。脳や心身に安心感や刺激をもたらすでしょう。

1/19 ためす

鍋パーティで盛り上がってみる

たまには友だちや趣味の仲間を誘って、鍋パーティをしませんか？　どんな鍋を作るか作戦会議をするのもいいことです。話をして、いいアイデアが出ると気分も盛り上がるでしょう。

そういうのは苦手……と思っても、実際にやってみれば、よかったと思えるかもしれません。もちろん、ただ気疲れしただけと感じたなら、一度きりにしてもいいのです。決めるのは自分ですから。

1/20

ためす

冬こそ花を飾って部屋を華やかに

1月

1月20日ごろは、二十四節気の「大寒」。一年でもっとも寒い時期です。

冬至を過ぎたとはいえ、まだまだ日が暮れるのが早く、外の景色も寒々しい……。そんな季節だからこそ、部屋の中に花を飾ってみてください。

寒い中でも、冬の花は元気に咲いています。黄梅、椿、山茶花、梅、クリスマスローズ、スイセンといった落ち着いた雰囲気の花、パンジー、ビオラ、シクラメン、シンビジウムなどカラフルな花も。

育てている花を部屋に生けるのもいいものです。花が一輪あるだけで、印象がパッと華やかになるでしょう。

花には心身を癒やす力があります。花を見るだけで、脳内では、ドーパミンやオキシトシン、セロトニンが分泌され、ストレスホルモンと呼ばれるコルチゾールの値が低下します。その結果、落ち込んだ気持ちやイライラが消え、幸せな気持ちになるのです。

1/21

ためす

口癖を作ってみる「なんとかなるわ」

定年を迎えるころになると、誰でも少しネガティブな気持ちに襲われることがあります。

そんなときに口に出してほしいのが「なんとかなるわ」。

ネガティブな気持ちやマイナス思考にとらわれると、行動力が鈍り、前頭葉の機能が低下していきます。意欲が衰え、さらに行動力が鈍り、前頭葉が衰えるという悪循環。そんな状態が長く続くと、うつ病の発症要因にもなりかねません。

だから、ポジティブな言葉「なんとかなるわ」を口に出し、自分で自分をプラス思考にコントロールするのです。

プラス思考によって脳内ではドーパミンの分泌量が増えます。楽しいと感じ、脳内では前頭葉が活性化し、思考力や意欲が高まります。

これは「行動を変えれば心も変わってくる」という、行動療法の応用です。何より、どんより悲観的な老後より、ワクワク楽観的な老後のほうが幸せですから。

1/22

ためす

YouTubeを見て新しいことにチャレンジ

YouTubeでは、たくさんの情報が公開されています。無料で見ることができるわけですから、活用しない手はありません。たとえば、英会話を学んだり、ゴルフのスイングを見て学んだり、空手の形、ヨガやストレッチのポーズも動画で見るととてもわかりやすく、見ながら実践することも可能です。

もちろん、「私も発信したい！」と思ったら、ぜひチャレンジを。

1/23

ためす

お得なおためしセットでワクワクしてみる

初回限定○%オフ、1カ月分無料おためしなどのキャンペーンで、気になるものがあったら、ためしてみませんか？　新しいものをためすのはワクワクするものです。気に入らなければ継続購入しなければいいので、気楽にためすことができます。

ただし、初回限定の場合、2回目以降のキャンセル方法を事前にチェックしておいてください。うっかりすると、意に反して継続購入することになるので注意しましょう。

1/24

ためす

冬の台所仕事 味噌や漬け物を仕込む

冬は味噌や漬け物を仕込むのにぴったりの季節です。毎年作る人も、まだ作ったことがない人も、今年の冬は仕込んでみましょう。

大豆と塩、麹を使って仕込む味噌は、発酵の力を使ってゆっくりと味噌を育てていくようなイメージです。1月に仕込むと、食べごろは夏。のんびり気長に楽しむのには、もってこいです。

便利な自家製味噌キットも販売されているので、チャレンジしてみるといいでしょう。近所の人や友だちと一緒に仕込んで、完成後に分け合うのもいいかもしれません。

白菜を使った漬け物も仕込みどきです。塩漬けして乳酸発酵させる白菜漬けやキムチなら、2~3週間熟成させれば美味しくいただけるようです。

何でも買ってきてすぐに食べられるこの時代に、あえてスローに楽しむのもいいものです。もちろん、完成すれば待ったぶんだけ達成感は抜群です。

1/25

ためす

冬の気分で選んでみる 白と黒、ためすなら？

白と黒、冬の気分で選んでみてください。

「白紙に戻す」という表現もあるように、白はリセットをして新たにスタートを切るときにぴったりの色です。完璧を求める傾向もあります。

黒は、すべてを内包したり、遮断したりする色。鎧や盾のように防御する力があるため、ストレスを感じているとき、自分を隠したいときに、無意識に黒い服を選ぶことがあります。

また、心理学では、色は心の状態を表すことがあると考えられています。たくさんの色鉛筆を用意しているにもかかわらず、黒だけで絵を描く人がいます。心理学的に見ると、自分の感情を出せなくなっていたり、色々な感情がごちゃ混ぜになり、それを黒で表現していたりするケースもあります。

今の自分の心身の状態と、選んだ色の意味を照らし合わせてみてください。感じることがあれば、少し立ち止まって考えてみるのもいいでしょう。

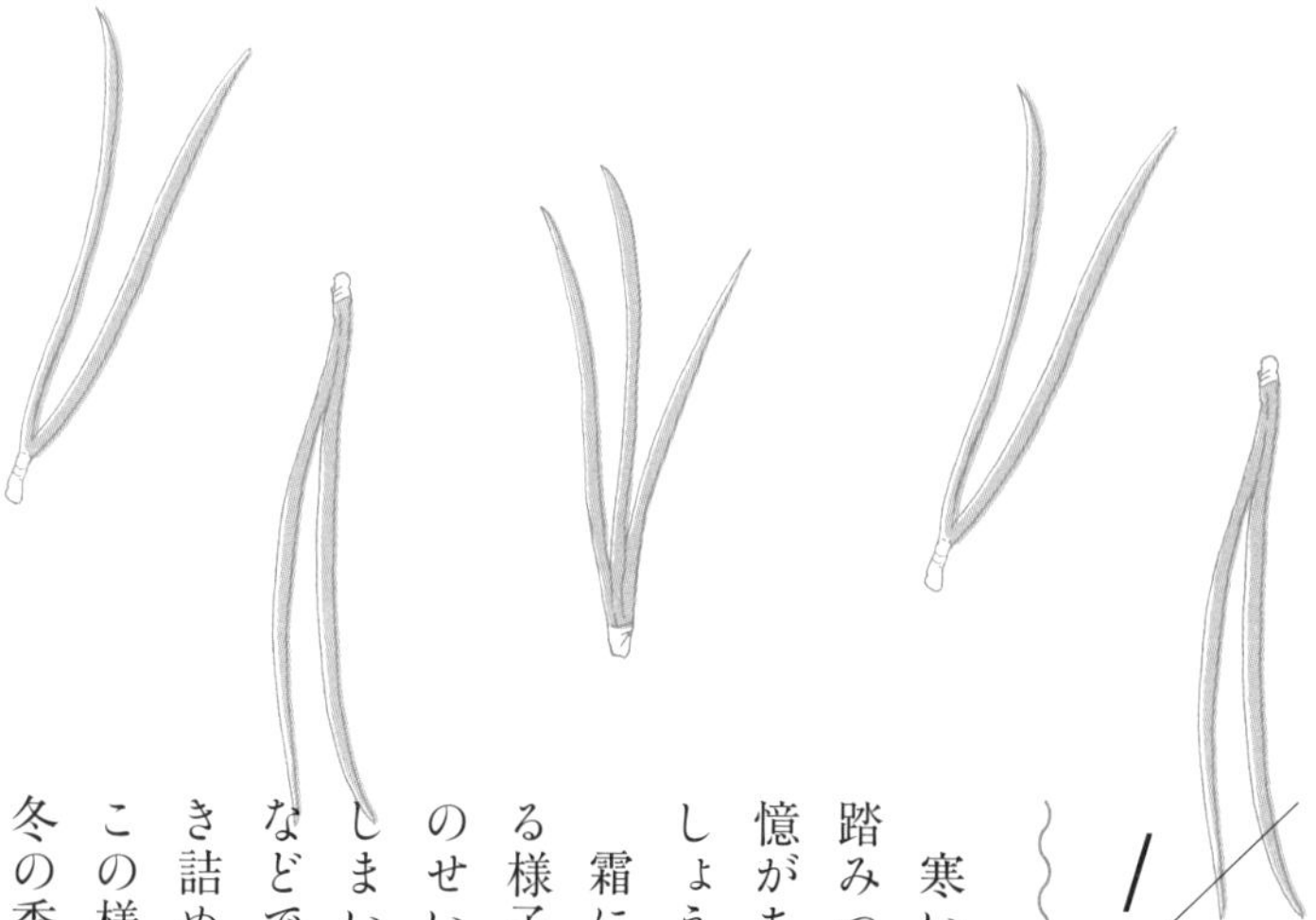

1/26

感じる

季節で冬を感じる「敷《しき》松《まつ》葉《ば》」

寒い日は、霜柱をサクサクと踏みつけながら学校に通った記憶がある人も多いのではないでしょうか。

霜によって土が持ち上げられる様子も冬の風物詩ですが、そのせいで、苔が土からはがれてしまいます。そこで、日本庭園などでは、苔の上に松の葉を敷き詰めて、霜から苔を守ります。この様子を表すのが「敷松葉」。冬の季語です。

枯れて茶色くなった細かい松の葉が、まるでじゅうたんのようにふっかりと一面を覆う姿はとても風情があります。

茶室の庭園にも敷松葉が施されますが、流派によってやり方が異なるそうです。自然の落ち葉を楽しむ流派、松葉だけをそろえる流派、松葉を使って細やかな模様をつける流派。

日本の風流、わびさびは、繊細な感性をもって語られるようです。この冬は、敷松葉のある景色を見に行ってみてはいかがでしょう。どんな風情に出会えるか楽しみです。

1/27

ためす

ネットゲームでコミュニケーションを楽しむ

今、ゲームといえばインターネット上で遊ぶものが主流。世界中の人と対戦したり、チームになってゲームを進めていったりできるわけです。

今も昔もゲームは人とつながるコミュニティなのです。

スマホアプリをダウンロードすれば、すぐにゲームを楽しむことができます。囲碁や将棋からスポーツ、ロールプレイングゲームまで、ゲームの種類は多彩。初心者でも、面白そう！と思ったら、ぜひチャレンジを。

1/28

ためす

めいっぱい冬を感じる魚介の一皿を

冬は美味しい魚介がたくさんあります。寒ブリ、寒ビラメ、タラ、キンメダイ、アンコウ、フグ、牡蠣など。刺身、煮つけ、鍋にぴったりの魚介が出そろっています。

脂がのった旬の魚介は、栄養価も抜群。タンパク質のほか、抗炎症作用、抗酸化作用のあるDHA・EPAも見逃せません。

魚が美味しい店でいただくもよし、寿司屋で旬の握りをいただくもよし。もちろん自分で料理するもよしです。

1月

1/29

ためす

忙しいときは全部書き出してみる

忙しいとき、日本人は必要以上に焦りやすいようです。おまけに、ちょっとのことで諦めやすい。

そこでおすすめしたいのが、焦りを感じたら、自分を俯瞰すること。そして「やらないといけないこと」「焦っている原因」「今の状況」を全部書き出してみてください。

そうすれば、今やらなくていいことが見えてきます。そして、「焦るほどのことじゃない」と気づいたり、「こうすればできる」という対処法がひらめいたりするはずです。

「忙しくて焦っている今」は、人生のうちのほんの一瞬。たった1回、1日のことで、人生の明暗が決まってしまうようなことはそうそうありません。

焦るより、落ち着いて動いたほうが失敗や間違いを防げますし、判断を誤ることも減るというものです。

その結果、人生はよりポジティブになり、幸運を引き寄せられるでしょう。

1/30

ためす

嫌な人とは思い切って縁を切る

知人からの誘いを断れず、食事会などに時間とお金を使ってしまい、そのたびに後悔している。そんな経験はありませんか？

立場を利用したり、人の心理に付け入ろうとしてくる嫌な人とは、縁を切りましょう。「今までお世話になりました。今後は不参加でお願いします」とサラリと伝えればいいのです。

どうしても断りづらいなら、積極的に嫌われてみてください。

たとえば、ひたすら「今は時間がない」「ちょうどバタバタしている」「また今度」と言って逃げ続けるのです。さすがに相手も面倒になって、連絡をしてこなくなるでしょう。

60歳を超えて一人に嫌われても、ひとつのグループから仲間外れになっても、大した問題ではありません。むしろ、人間関係のわずらわしさやストレスから解放されて気が楽になるでしょう。今後は、気の合う友だちだけがいればいいのです。趣味の世界や習い事の場などでいい友だちが見つかれば、最高です。

1/31

学ぶ

知っておきたい薬のこと

自分の体に合わない薬はやめていい

日本は、薬を処方しすぎている"薬大国"です。

年をとると、悪いところが増え、連動して薬の種類も量も増えます。東京都の75歳以上の高齢者のうち5種類以上の薬を処方されている人の割合は64%という調査結果も。

薬の数は、6種類以上になると副作用が増えるとされていますから、すでに危険な領域に達している人がたくさんいます。

頭がボーッとして寝込むことが増えた、認知症かもしれないと思ったら、多剤併用による副作用だったというケースも珍しくありません。

対策として、医師に「この薬にはどんな副作用がありますか？」と質問してください。今飲んでいる他の薬のことも、正確に伝えましょう。丁寧に説明してくれない医師は、信用するに足りないでしょう。

何より大切なのが、自分の体に合う薬かどうかを、自分で感じ取ることです。この薬は量を減らすと調子がいい。この薬をやめてみた結果、体調がとてもいいなど、観察するのです。

自分に合わない薬を飲み続けて体を壊すなんて、ばかげたことです。わからないからと放置せず、自分の感覚を信じること、納得できるまで確認することが大切です。

1月

2/1

感じる

ダメなときも気が楽になる、カフカの言葉

将来に向かって歩くことは、ぼくにはできません。
将来にむかってつまずくこと、これはできます。
いちばんうまくできるのは、倒れたままでいることです。

これは、『絶望名人カフカの人生論』（飛鳥新社）にある、作家フランツ・カフカの言葉です。

カフカの人生は、けして明るいものではありませんでした。ユダヤ人の家に生まれ、法律を学んだ後、保険局に勤務。常に悩み、弱音を吐きながら、『変身』『審判』などの作品を書き続けました。ただ、自分の中にある悪夢を書き続けたのです。

カフカの生き様を知ると、気が楽になります。これまで、「やりたいことをして、楽しく生きよう」と、何度もお伝えしていますが、人間ですから、そう割り切れないこともあります。

そんなときは、カフカのように、うつむいたまま、弱音を吐ききればいいのです。心の自然治癒力を信じて、自分をよくいたわってください。

元気が出てきたら、カフカを見習って、創作でも仕事でも恋でも、手当たり次第にやってみましょう。

2/2

ためす

夜のホットミルクで心地よく眠る

寒くて体が冷える日は、寝つきが悪くなりがちです。そんなときは、夜のホットミルクをためしてみてください。

まずは、眠りのリズムはどのようにしてできているのか、解説しましょう。

❶タンパク質を構成するトリプトファンというアミノ酸を材料にして、脳内でセロトニンが合成される

❷セロトニンの分泌が増えると、メラトニンというホルモンの分泌が促される

❸メラトニンによって眠りが誘発され、心地よく眠れる

つまり、タンパク質に含まれるトリプトファンを摂らないことには、心地よい睡眠は得られないのです。

そこでおすすめなのが、トリプトファンを含む牛乳。眠る前に温かい牛乳を飲むと、体が温まり、入眠がスムーズに。さらに、牛乳に含まれるカルシウムには神経を休める働きがあるため、リラックスして心地よい眠りへと誘われます。

2/3

ためす

節分は、好きなものを食べて福を呼ぶ

年によって日は変わりますが、立春の前日は節分です。

恵方の方角を向いて海苔巻きを食べると「福を呼び込む」として、恵方巻きを食べる風習があります。スーパーに恵方巻きが山積みで売られていて、毎年、豆まきをして、恵方巻きにかぶりつくという人も多いのではないでしょうか。

今年は、その恵方巻きを手作りしてみてください。

正式には、七福神にちなんで7つの具を巻くそうですが、「好きなものこそ福を呼ぶ」です。自由にアレンジしてみましょう。好きな海鮮を巻くもよし、炒めたお肉を巻いて韓国のキンパ風にするのもよしです。

行事は日常を楽しむチャンスです。「今年はどう工夫して楽しむか」と考えて実践することで、脳は活性化し、気持ちも弾んで元気になる。自分で自分を楽しませることを、ぜひ続けてください。

2/4

ためす

節分の豆を活用して立春のお祝いを

節分の翌日は立春。暦の上では今日から春です。

もちろん、寒さのピークは続きますが、春の気分でお祝いをしましょう。

節分の豆を使った料理にチャレンジするというのはどうでしょう。炒り豆を持て余して、テレビを見ながらポリポリつまむより、脳も体も活性化し、楽しみが増すというものです。

炊き込みごはんにしてみたり、カレーに加えたり、肉と一緒に煮込んだり、カラメルを絡めておやつにしたり。迷ったら、SNSでみんなに質問してみましょう。

節分の翌日ですから、炒り豆を持て余している人はきっとたくさんいます。炒り豆をきっかけにコミュニケーションが生まれるなんて、楽しいことです。

楽しんでいる人の周りには、自然と人が集まってきます。人を受け入れることは、色んなアイデアや考え方に触れること。たくさんの刺激やエネルギーを受け取ることです。

2/5

ためす

想像の世界で自由に恋をしてみる

年をとればとるほど、恋愛のもたらす「若返り力」は重要です。想像しただけで湧いてくる、ドキドキする感覚を抑えてはいけません。

恋愛によって得られるときめき、結果が不確定であるというドキドキ感は、前頭葉にとって最高の刺激です。

念のためお伝えしておきますが、身近な人を傷つけたり、家庭を壊すような浮気は避けてください。

プラトニックでも効果はありますから、男女交えて歴史探訪の街歩きをする、ワイン会を開く、社交ダンスをするなど、異性との交流の場で、心をときめかせればいいのです。もちろん、独身同士であれば積極的に行動してください。

反対に、道徳で自分を縛りつけ、恋愛感情を過度に抑制するのは老け込むもと。ただ異性と会って話をするだけなら罪悪感を感じる必要はありません。少なくとも心の中は自由であっていいのです。

2/6

ためす

座る場所を変えて気分転換

自分の家の中は、いつもの場所が決まりがちです。いつもの場所に座って、ごはんを食べる、テレビを観る、本を読む。それが落ち着くというのもよくわかりますが、たまにはいつもの場所を変えてみてください。

椅子の角度や位置を変える。家族と座る場所を交換する。それだけでも、脳は景色から得た情報を処理し、学習します。小さな変化も、脳にとっては刺激となるのです。

2/7

ためす

オシャレをして脳から若返る

年をとると、冬は特にファッションが地味になりがちです。でも、ふと鏡を見たときに、「暗い」と感じるなら、脳も暗く、老け込んでしまいます。

脳は見た目に影響されます。明るい色、活発なファッションを目にすると、みるみる元気になるのです。

近所のスーパーに行くときもオシャレを楽しんでください。口紅を塗って、マフラーや手袋に素敵なデザインを取り入れて、前頭葉を刺激しましょう。

知っておきたい認知症のこと③

脳を使うことで認知症の進行は防げる

アルツハイマー型の認知症は、遺伝的要因がかなり大きいようですが、頭を使わない人ほど、認知症になりやすいのは確かなことです。日ごろから頭を使っている人のほうが認知機能テストの点数が高い傾向も認められています。

「頭を使う」ために効果的なのは、他人との会話です。会話は、相手の言ったことを理解し、瞬時に反応を返すという非常に高度な知的作業。強制的に頭がフル回転するのです。

そして、何よりも、楽しいことをするのが一番の認知症予防です。楽しいことをやればやるほど、脳にいい刺激が伝わります。歌う、ダンスをする、絵を描く、美味しいものを食べる、映画を観る。周りの人に何を言われようと、楽しいことは何歳になっても続けてください。

そして、日々の暮らしの中にも自分なりの小さな楽しみをたくさん見つけてください。それこそが、認知症の最大の予防になります。

ちなみに、いわゆる「脳トレ」は、脳全体の機能の向上に効果がないことがわかっています。脳トレが楽しい！という人には効果があるかもしれませんが、つまらないけれどやっているなら、他の楽しみにチェンジするといいでしょう。

2/9

学ぶ

知っておきたい認知症のこと④

認知症になっても、できることはある

認知症になると、家族や周囲の人から、「5分前のことも忘れる」「○○ができなくなった」と、できなくなったことばかりを言われがちです。

でも、認知症になったからといって、何もできなくなるわけではありません。

「楽しくお話しできる」「買い物に行って、道に迷わず帰ってこられる」「ときどきでも料理ができる」。できることに目を向けたほうが、周囲にとっても本人にとっても断然いいと思いませんか？

できない、危ないと決めつけるのではなく、できるうちは、色んなことをやったほうがいい。脳にとっても、そのほうが刺激があり、認知症を遅らせることにつながるはずです。

ご存じの方も多いと思いますが、アメリカのレーガン元大統領は認知症になりました。周囲の話によると、大統領になった3年目あたりには、すでに異変が感じられていたそうですが、その後約5年もの間、大統領の任務をまっとうしました。

認知症の進行は穏やかなので、このようなケースは珍しくありません。7月26日の頁でも解説したように、認知症は神さまがくれた最後のプレゼント。幸せに過ごす一日一日が、人生のご褒美となるのです。

2月

2/10

ためす

2月

今年の旅の計画を宣言する

年を重ねたからこそ、旅をしましょう。毎年行くところが決まっている人は、行ったことがない場所を訪れるのをおすすめします。そのほうが断然、前頭葉が活性化するからです。

具体的に旅の計画を立てることは、とても頭を使う作業です。予算、時間、交通手段など、考えることがたくさんあります。ぜひ、楽しみながら計画を立ててください。

予算が厳しい場合は、知恵を絞りましょう。日帰り格安ツアーやシニア割引、早割などを活用すれば、お得に旅ができます。

また、電車やバスを利用して、近場のまだ行っていない場所を訪れたり、行き当たりばったりの旅にチャレンジしてみたり。行ったことがある場所でも、季節を変えれば新鮮な気持ちを味わえます。

計画を立てたら有言実行です。周囲の人に「私は旅がしたい」「○○に行きたい」と宣言してみましょう。その言葉が、背中を押してくれるはずです。

2/11

ためす

首や肩をほぐしてリラックスする

首や肩のこわばりが気になったら、お風呂上がりや眠る前に、リラックス効果のある「チャイルドポーズ」をためしてみてください。

深い呼吸をしながら、巡りをよくし、凝りをほぐしていきます。呼吸によって自律神経の乱れが整い、心地よい感覚になってくるのがわかるはずです。

気持ちよい眠気がやってきたら、そのまま布団に入って、おやすみなさい……。

チャイルドポーズ

1 四つん這いになり、両手を肩幅、足は腰幅くらいに開く。

2 ゆっくりと息を吐きながら、お尻をかかとにつくまで落としていく。

3 両手の力を抜いて前方に伸ばし、おでこを床につけてリラックスしながら深い呼吸を10回ほど繰り返す。

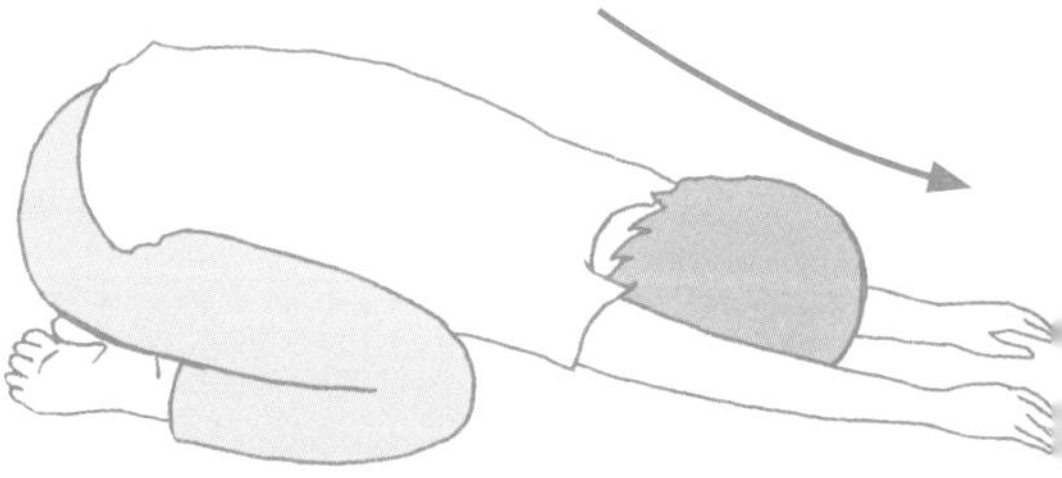

2/12

ためす

新色コスメでホルモン分泌

春が近づき新色コスメが出る季節。化粧品売り場に行って、頬にチークを入れてみてください。きっと気分が上がるはずです。これは、気のせいではなく科学的にも確かな効果。

8月4日の頁でもお伝えしたとおり、心は内面よりも外面の影響を強く受けます。見た目がよくなると心が弾み、ホルモン分泌や前頭葉の働きが活発になることで、心身にもよい影響を与えます。つまり化粧も、最高のアンチエイジングなのです。

2/13

感じる

2月の和風月名は？暦の言葉で感性磨き

2月の和風月名は「如月」。旧暦の2月は今の3月ごろで、少し温かくなってくる時期です。如月の由来は諸説ありますが、陽気がさらにやってくる「気更《きさら》来《ぎ》」が由来になっているとも言われています。

他にも、木《き》の芽が芽吹く時期ということから「木《こ》の芽月」、雪がなくなっていくころという意味の「雪消月《ゆきぎえづき》」、『万葉集』にも登場する「令月《れいげつ》」、梅の花が咲く時期ということから「梅見月《うめみづき》」という異名もあります。

2/14

ためす

「好き」と伝えてドキドキする

2月14日はバレンタインデーです。「今さらバレンタインなんて」と思わないでください。

お父さんにチョコをあげたこと、初めて男子にチョコを渡したときのドキドキ、彼氏のためにチョコを手作りしたときのことなどを思い出してみてください。バレンタインデーは、「好き」という気持ちを伝える日。とてもハッピーな日です。

大好きな家族に、友だちに、好きなお店のスタッフに、チョコをプレゼントしながら、ちゃんと「好き」という気持ちを伝えましょう。

いくつになっても、相手が誰でも、告白はドキドキするものです。そのドキドキの裏側で、脳は激しく活性化していることでしょう。胸キュンホルモンのドーパミンもしっかり出ているはずです。ドキドキは若々しさを保つ特効薬です。

告白達成のあかつきには、ご褒美として、自分で自分にチョコをプレゼントしてあげるのもいいかもしれません。

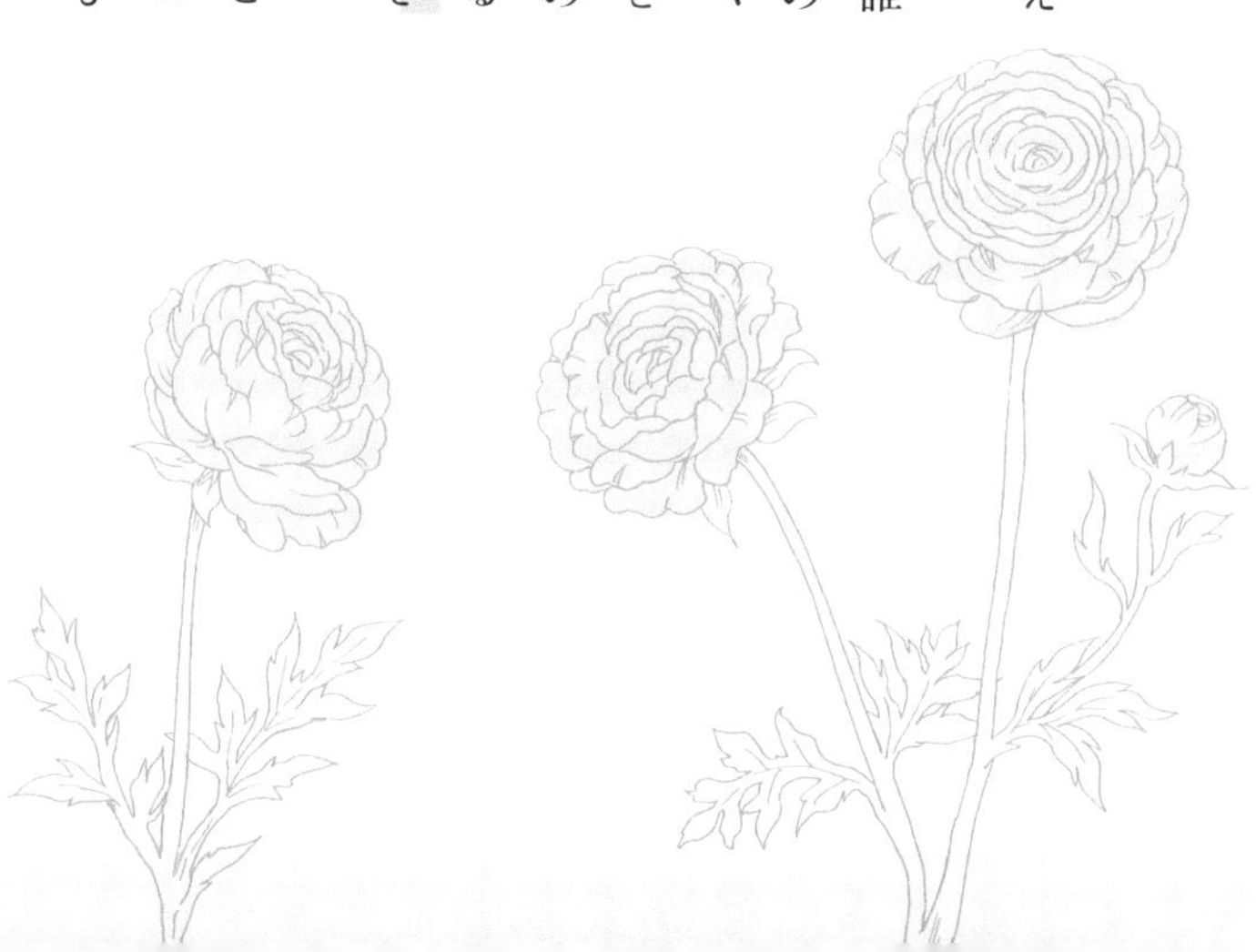

2/15

ためす

冬の大三角とオリオン座を見る

冬は空気が澄んでいて、星がきれいに見えます。温かくして外に出て、夜空を眺めてみませんか。

20時ごろ、南の方角を見てください。大きな冬の大三角が見つかるでしょうか。その右側にあるのがオリオン座で、砂時計のような形をしています。

オリオン座には、ギリシャ神話にまつわる物語がたくさんあります。そのうちのひとつが、さそり座に関する話です。

狩りの名手オリオンはとても強く、傲慢でした。神々はオリオンを戒めるため、一匹のさそりを放ち、オリオンを刺殺。星座となったオリオンは、同じく星座となったさそりが空に現れると、恐怖のあまり、地平線の下に隠れるようになりました。

夜空で繰り広げられる、オリオン座とさそり座の追いかけっこ。先人たちの想像力の豊かさには驚かされます。

神話の世界に紛れ込んだ気分で、冬の夜空を眺めてみるのもいいものです。

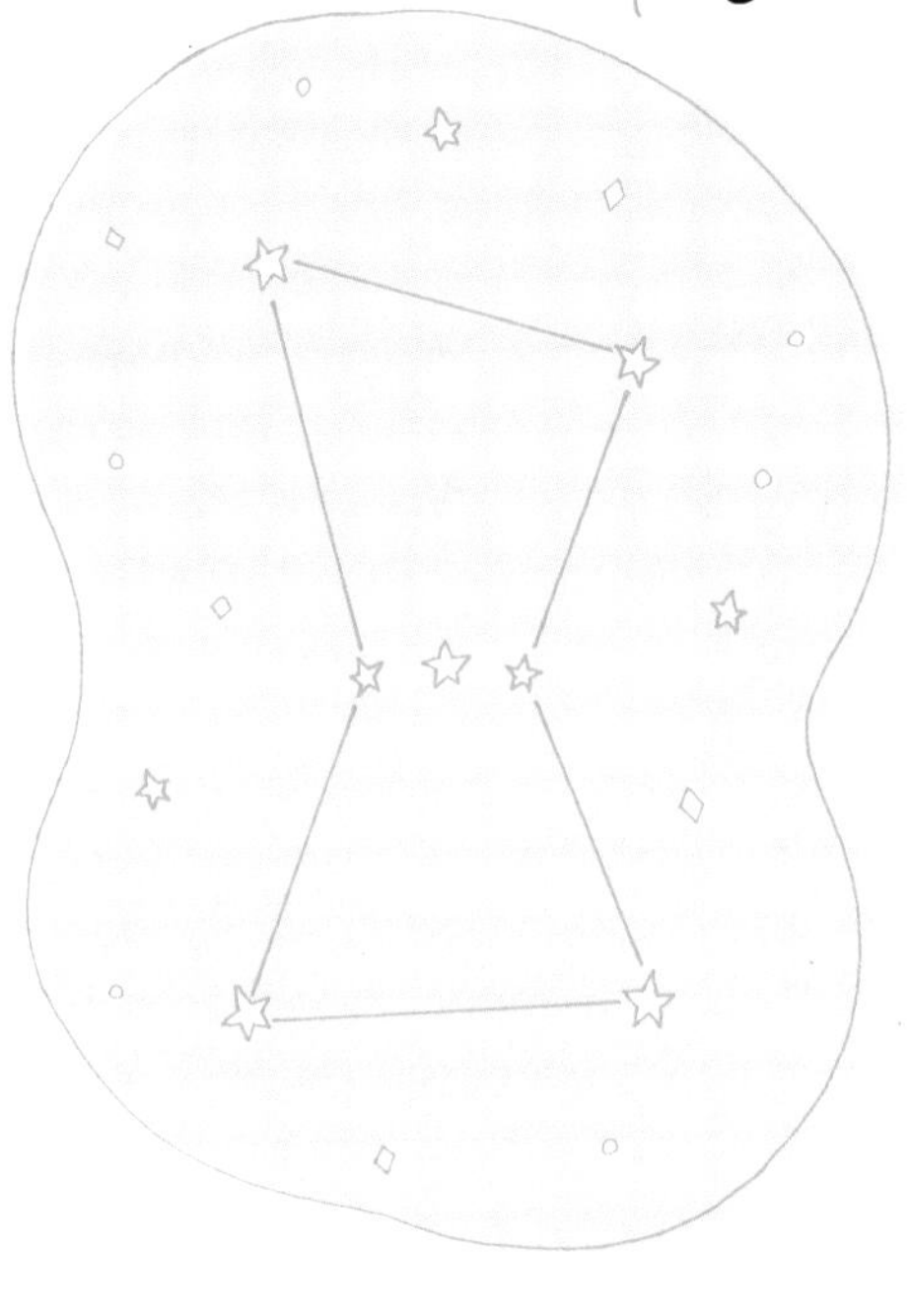

2/16

考える

自分のお金は自分のために使う

日本には、お金に関するさまざまな支援制度があります（11月11日の頁参照）。だから、お金の心配はほどほどにして、使い道にも目を向けてください。

多くの場合70歳を過ぎると、いつ病気になっても、いつ歩けなくなってもおかしくはありません。もしかしたら、明日、死んでしまうかもしれない。

あの世にお金は持っていけません。これまで多くの時間をかけて一生懸命、必死に働いて貯めてきたお金を使わないまま死んでしまうなんて、もったいないと思いませんか？　だから、お金は自分のやりたいこと、人生を楽しむことに使ってほしいのです。

家族と旅行する、頑張ってきた自分にご褒美をあげる、パートナーと一緒に使い道を考える。こうして、すべてのお金を使いきるのが理想です。

お金を、何物にも変えがたい思い出に変える。そう思えば、幸せな使い道が見えてくるのではないでしょうか。

2/17

考える

お金を稼ぐ方法を考えてみる

前頁でお金の使い道を考えた一方、可能な限り働いて、稼ぐ方法を考えることも大切です。

やりたい仕事があるならその仕事に関わる方法を考える。貯金を使って投資をする。パートやアルバイトでコツコツとお金を稼ぐ。物作りが得意なら、作った物を手作り販売サイトなどで売ったり、どこかのお店に置いてもらうのもありです。

ポスティングやデリバリー、清掃の仕事は体を動かすので、いい運動になりますし、高齢者の見守りや生活サポートの仕事もあります。今の時代、シニアでもオンラインでできる仕事もたくさんありますから、調べてみるといいでしょう。

シルバー人材センターはとてもいい制度です。シニアが会員登録し、できる仕事を請け負うという形で社会貢献ができます。会員同士のコミュニケーションやつながりも生まれるうえに、やり甲斐もしっかりあるので、会員になってよかったという人がたくさんいるそうです。

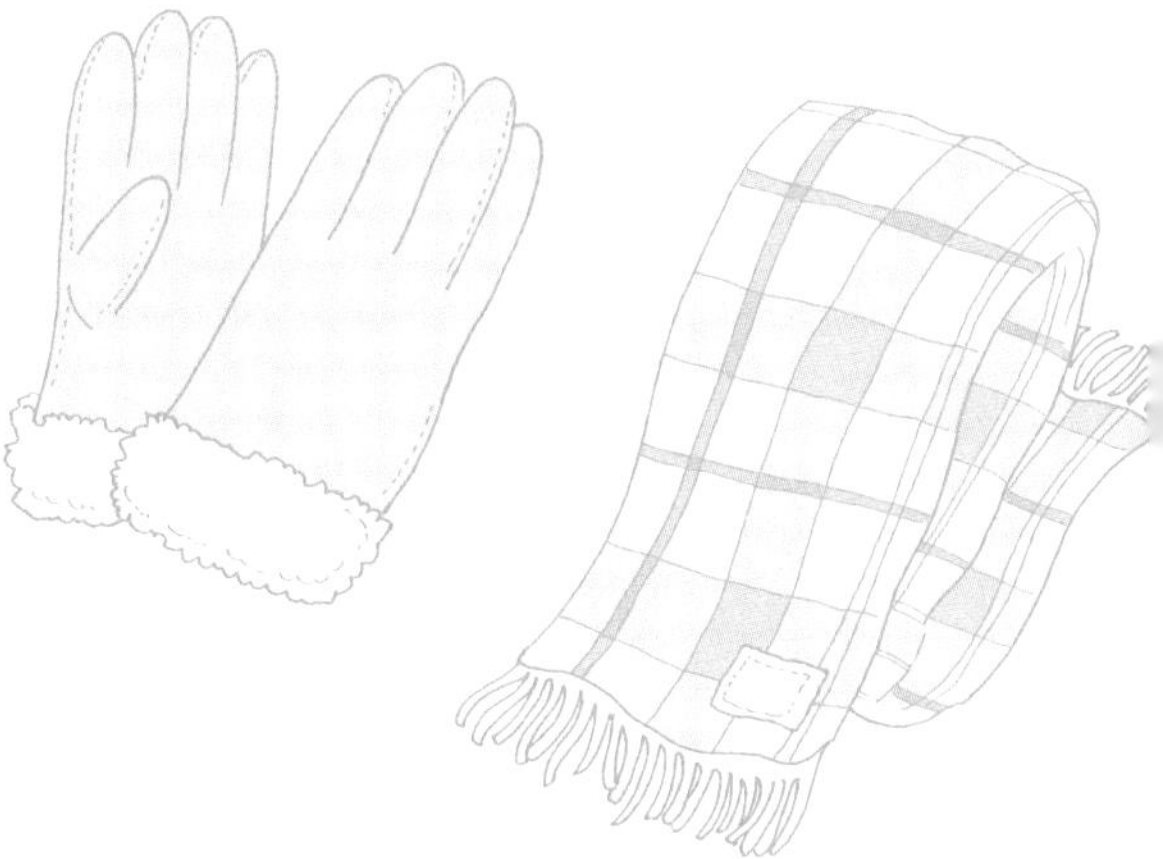

2/18

考える

働いて稼いだお金を何に使うか考える

65歳になれば大半の人には年金が支給されます。支給額の差はあるでしょうが、もう老後に突入しているわけですから、老後のために貯金を増やしていく必要はありません。

お金を稼ぐ方法を考えながら、稼いだお金を何に使うかを考えましょう。逆に、何に使うかという目的を決めてから、お金を稼ぐ方法を考えるのもいいでしょう。

月1回のごちそう代、友だちとのお茶代やランチ代、美容室代、旅行の費用、欲しかったバッグや洋服を買うお金、習い事の月謝、趣味のためのお金、といった具合に当てはめてみるのです。

そうやって使い道をイメージすると、お金を稼ぐことが楽しみになってきます。

もちろんお金は貯めるより、使うことで幸せになれるものです。「これをやりたい」「あれをやりたい」「あれが欲しい」と思う気持ちを、ぜひ実現させてください。

2/19

学ぶ

知っておきたい入浴のこと

熱いお風呂にドボンは超危険!

60代、70代になると、お風呂は諸刃の剣。うまく入れば、健康寿命を延ばせますが、下手をすると命取りにもなります。

年を重ねてからの浴室死の大半は、脳卒中と心臓発作です。熱い湯にいきなり浸かると、血圧が30も40も急上昇し、大事に至るリスクが高まります。

だから、60歳を過ぎたら「ぬるめのお湯に短時間」が鉄則です。38~40度のお湯に10分程度浸かる。それくらいであれば、脳血管系、循環器系に大きな負担がかかることはなく、副交感神経の働きを高めて心身がリラックスします。

入浴前には「かけ湯」をお忘れなく。湯温が低めでも、いきなり全身を浸すと、全身の血管が急速に拡張し、血圧が下がって脳貧血のリスクが高まります。かけ湯は、心臓から遠い足先、手先から、少しずつかけていってください。そうすると、末端の血管から徐々に拡張するため、心臓にかかる負担が少なくなります。

2月

2/20

ためす

「プラス納豆」で不足を補う

女性は、50歳を過ぎ、閉経を迎えるころから不足してくるものがあります。その主な3つが、筋肉、骨量、女性ホルモンです。

そして、この3つの不足を補うために有効なのが、納豆です。

納豆をメインにするのではなく、肉や魚介を食べたうえで、納豆をプラスするのです。

納豆には「畑の肉」と呼ばれる大豆由来の栄養がたっぷり詰まっています。

筋肉の材料になるタンパク質、骨の合成に欠かせないカルシウム、マグネシウム、ビタミンK。また、納豆菌によって生まれる酵素の一種、ナットウキナーゼは、血栓を溶かす作用があります。そのため、女性ホルモンの減少によって起こる血管の柔軟性低下を食い止め、心筋梗塞など循環器系疾患のリスクを下げる働きが期待できます。

さらに、納豆に含まれる大豆レシチンは、脳内の神経伝達物質の材料になるため、脳機能の老化予防にも貢献します。

2/21

ためす

政治に対して一言物申す！

新聞、ニュースや国会中継などを見て、今の政治に対して、言いたいことを言ってやりましょう。

年をとっても、年金暮らしになっても、政治と暮らしは切り離すことはできません。不満や怒り、いいところ……。自分ならこうする、改善策や提案も大歓迎です。

意見を言うことは、自分の考えを整理して、筋道を立て、伝わるように言葉に出すこと。とても脳を使う作業です。

2/22

ためす

ひな人形を飾って良縁を祈願する

二十四節気で立春の次は雨水。毎年2月19日ごろが雨水にあたります。雪が雨になり、雪が解け始めるころです。

昔から「雨水のころにひな人形を飾ると良縁に恵まれる」と言われています。

いくつになっても良縁は嬉しいものです。これから先のいい出会いを願って、ひな人形を飾ってみませんか。

立ちびなや小さなひな人形ならスペースを取らずにさりげなく飾ることができます。

2/23

学ぶ

知っておきたい排泄問題のこと

迷ったらまずは尿漏れシート

いつか、多かれ少なかれ排泄のコントロールに不安を覚えるときがきます。その原因は、筋力の衰えです。加齢とともに骨盤の底を支える骨盤底筋が衰え、排泄関係の失敗が起きやすくなるのです。

最近では、紙パンツのテレビCMも増えました。それだけ多くの人が必要としているということでしょう。

トレイを失敗したり、尿漏れが気になるようになったら、早めに尿漏れシートや紙パンツを利用してみてください。

「自分はまだ紙パンツなんかのお世話にならない！」と意地を張りたくなる気持ちもわからなくはありません。

でも、はいてしまえば案外平気なものです。不安やストレスから解放されて、安心して外出ができるようになります。

最近の紙パンツは薄くて性能もよく、ほとんど気づかれませんから、一度ためしてみることをおすすめします。

「少しだけ心配……」という人は、まずは尿漏れシートをためしてみてください。生理用のナプキンと変わらないと思えば抵抗なく使えるでしょう。

2月

2/24

感じる

心が元気になる、インドの古い言葉

父を疑え、母を疑え、
師を疑え、人を疑え。
しかし、疑う自分を疑うな。

これは『一言半句の戦場』開高健著（集英社）にある、インドに伝わる古い言葉だそうです。

たくさんの情報があふれる今の時代、「本当にそうなのか？」と疑うことは間違いではありません。むしろ、そうやって疑問を持った自分を信じることが大切なのです。

人間は、迷ったり、自信を失ったりすることが必ずあります。そんなときでも、最後に信じるべきは自分だということ。それが、周りに流されることなく、自分らしく生きることにつながるはずです。

年を重ねると、孤独になり、悩みや不安を感じることも増えます。でも、そこで立ち止まり、閉じこもってしまうのではなく、自分を強く持ち、受け流して前に進んでほしい。

先人の言葉が背中をポンと押してくれたなら、ぜひその感覚を信じて、前に進んでください。

2/25

考える

終の棲家について考える

老後、どこで暮らすか、どこで死ぬかはとても大事なことです。終の棲家を決めて引っ越しをするなら、できるだけ60代のうちに行えるように考えておきましょう。体力もさることながら、70代、80代は脳の機能の低下も含め、新しい環境に慣れるのが難しくなるからです。

子どもと一緒に暮らすという決断も同様です。年をとってから、離れて暮らしていた子どもと突然一緒に暮らすのは、意外と大変なことです。お互いにストレスを抱えて、うまくいかないケースも珍しくありません。

子どものほうから一緒に住むことを提案してきたのであれば、自分が住んでいる家で一緒に住んでもらうほうがよいでしょう。年をとって周囲に迷惑をかけるのは当たり前のことです。お互いに納得したうえで、甘えられるなら甘えましょう。

どこであろうとも、残りの人生を楽しく過ごすことが大切です。そのためにも、自分らしく現実的な決断をしてください。

2/26

ためす

声に出して本を読み、脳も口も働かせる

本を読むときは、ほとんどの人が黙読でしょう。もちろん、頭を使って読んでいるので、脳は活性化しています。

でも、実は、声に出して読む「音読」のほうが、脳が活性化することがわかっています。

それは、「文字を読む」だけでなく「声に出す」、さらに「声を聞く」という行動をするために、脳が同時に複雑な処理をしているからです。つまり、音読は素晴らしい脳トレなのです。

さらに、音読をすることで、唇や舌、のどを使うので、継続して行うと、口の機能が改善されます。飲み込む力が鍛えられるので、高齢になると増える、誤嚥性肺炎の予防にもつながります。さらに滑舌がよくなり、会話もスムーズに。

読むものは何でもOK。間違っても構わず読み進めましょう。できるだけ早く、そして楽しく読むことで、脳の活性化が促進されます。

2/27

ためす

うまくいかないときは考え方を変えてチャンスにする

何度も「楽しいことをしていきましょう」と言っていますが、現実的なことを言うと、人生には思うようにいかないことがたくさんあります。

うまくいかないとき、人間は落ち込むものです。でも、そんなときこそ、考え方や方法を変えるチャンスです。

たとえば、書類を探していてなかなか見つからないときは、潔く諦めて、他のことをします。翌日、もう一度探してみると、「あれっ」と思うほど意外とすぐに見つかるものです。

つまり、うまくいかなかったら別のやり方をためせばいい。考えと行動を少し変えただけで、違う結果が待っているのです。

うまくいかないときは、違う考え方や方法に出会えるチャンス。そう思えば、次の一歩を軽やかに踏み出せるはずです。

2/28

ためす

会いたい人に会いに行き パワーをチャージ

ここまで一年分、たくさんの提案をしてきました。

最後の提案は、「会いたい人に会いに行く」です。

若いころは、離れていても、忙しくてなかなか会えなくても、「また会える」「いつか会える」と思えました。

しかし、60歳を過ぎると、正直そんなことは言っていられません。先延ばしにせず、会いに行ってください。一人で行くのが不安なら、家族や友だちに助けてもらって、会いに行ってください。電話やテレビ電話で話をしたり、SNSなどでやりとりがあったとしても、やはり実際に会うことが一番の刺激であり、喜びであり、心を揺さぶるはずです。

会いに行くときは、これまでの提案の中にちりばめてきた、健康に欠かせない三種の神器、「話す」「笑う」「歩く」を、フルに実践してきてください。

パワーをチャージしたら、清々しい気持ちでまた新しい一日一日を過ごしましょう。

はじめに、「人生は壮大な実験」とお伝えしました。実験には、失敗がつきものです。失敗したくないと思うのも自然なことです。

でも、日々の小さな実験で、失敗したからといって大したことはありません。むしろ、失敗を次への活力にしてください。

初めて入ったラーメン店のラーメンが口に合わなくても、初体験の刺激が前頭葉を活性化させ、自分を若返らせてくれます。そして次なる実験への意欲を与えてくれます。失敗を避けてマンネリの道にうずくまっているより、ワクワクしながら実験し、成功した！と喜んだり、失敗した！と悔しがったり、刺激的な道を歩むほうが断然若々しく、元気でいられるのです。

人生は楽しんだもん勝ちです。

失敗も、面白おかしくネタにして笑い飛ばしてください。それこそ、ますます前頭葉が活性化するでしょう。自分のために楽しんで、ご機嫌に過ごす毎日が、皆さんのこれからの人生を彩ってくれることを願っています。

和田秀樹

和田秀樹

1960年大阪府生まれ。東京大学医学部卒業。精神科医。東京大学医学部附属病院精神神経科助手、米国カール・メニンガー精神医学学校国際フェロー、高齢者専門の総合病院である浴風会病院の精神科を経て、現在和田秀樹こころと体のクリニック院長。高齢者専門の精神科医として30年以上高齢者医療の現場に携わる。主な著書にベストセラーとなった『80歳の壁』(幻冬舎新書)、『老いの品格』(PHP新書)、『70歳が老化の分かれ道』(詩想社)など多数。

参考文献 『日本のいきもの暦』(アノニマ・スタジオ)
『にっぽんの七十二候』(枻出版社)
『現代こよみ読み解き事典』(柏書房)
『幸運を引き寄せる色の心理学』(日本文芸社)
『心と体に効く温泉』(中央公論新社)

60歳《さい》からはわたしらしく若返《わかがえ》る
一生、元気に美しく年を重ねられる365のヒント

2024年4月10日 第1刷発行

著　者　和田秀樹《わだひでき》
発行者　吉田芳史
印刷所　株式会社光邦
製本所　株式会社光邦
発行所　株式会社日本文芸社
〒100-0003 東京都千代田区一ツ橋1-1-1 パレスサイドビル8F
TEL 03-5224-6460(代表)

イラスト　愛川 空
デザイン　宮下ヨシヲ(サイフォン・グラフィカ)
編集、執筆協力　藤岡 操
校正　有限会社玄冬書林

Printed in Japan　112240326-112240326 Ⓝ01 (240105)
ISBN978-4-537-22198-5

編集担当：河合